减税降费
政策红利与经济效应

李晖 著

北京
冶金工业出版社
2022

内容提要

本书共3篇，内容分别为减税降费的理论与政策红利、减税降费的经济效应以及减税降费政策的落实与推进。本书细致全面地剖析了减税降费政策，重点介绍了2019减税降费政策的内容、直观效应，并提出了加快推进财税体制改革的建议，对促进经济可持续发展具有指导意义。

本书可作为高等院校经济学、财政学、管理学等专业研究生的学习参考书，也可供相关领域的科研人员、各级财政税务部门、政府工作人员以及广大关注经济政策的读者阅读。

图书在版编目(CIP)数据

减税降费　政策红利与经济效应/李晖著. —北京：冶金工业出版社，2020.8（2022.4重印）

ISBN 978-7-5024-8564-1

Ⅰ.①减…　Ⅱ.①李…　Ⅲ.①减税—税收政策—研究—中国　Ⅳ.①F812.422

中国版本图书馆CIP数据核字（2020）第125072号

减税降费　政策红利与经济效应

出版发行	冶金工业出版社	**电　　话**	(010)64027926
地　　址	北京市东城区嵩祝院北巷39号	**邮　　编**	100009
网　　址	www.mip1953.com	**电子信箱**	service@mip1953.com

责任编辑　王梦梦　美术编辑　吕欣童　版式设计　禹　蕊
责任校对　郭惠兰　责任印制　禹　蕊
北京虎彩文化传播有限公司印刷
2020年8月第1版，2022年4月第2次印刷
710mm×1000mm　1/16；9.25印张；181千字；139页
定价66.00元

投稿电话　(010)64027932　投稿信箱　tougao@cnmip.com.cn
营销中心电话　(010)64044283
冶金工业出版社天猫旗舰店　yjgycbs.tmall.com
（本书如有印装质量问题，本社营销中心负责退换）

前　言

2019年我国实施了更大规模的减税降费政策。习近平总书记在2019年新年贺词中强调“减税降费政策措施要落地生根，让企业轻装上阵”。2019年政府工作报告中明确提出，普惠性减税与结构性减税并举，要实现全国减税降费规模2万亿元。减税降费政策力度不断加大，就是要用税费收入的“减法”，换取企业效益的“加法”和市场活力的“乘法”，是着眼“放水养鱼”、增强经济发展后劲的有利政策，是减轻企业负担、激发市场活力的重大举措，是完善税制、优化收入分配格局的重要改革，是宏观财税政策支持“稳增长、保就业、调结构”的重大抉择。

为确保减税降费政策落地生根，让所有纳税人和缴费人实实在在享受到优惠政策，不断加强和改进纳税服务显得尤为迫切和重要。撰写本书正是紧紧结合当前“稳经济、促发展”的焦点，以当前财税改革工作为重点，特别是针对当前经济振兴的关键期，研究减税降费如何实实在在为企业减轻负担、降低成本，同时也达到涵养税源及促进经济可持续发展的目的。

本书在梳理我国减税降费政策的发展历程基础上，运用科学的手段和方法，以中小企业、装备制造业、增值税改革以及小微企业和个人所得税为切入点，对减税降费的基本效应（主要包括降低税费成本、带动扩大就业、提升企业竞争力等方面）、成本效应（降低企业运营成本）、激励效应（助力第三产业发展）、升级效应（促进产业创新转型)、财政效应（整体税收收入结构性增长）等多个方面开展实证分析，提出落实减税降费政策协调关系、财政应对策略、提升纳税人获得感以及加快推进财税体制改革的建议。

因作者水平有限，书中不妥之处，敬请读者批评指正。

作 者

2020 年 4 月

目　录

第 1 篇　减税降费的理论与政策红利

第2篇　减税降费的经济效应

第 1 篇

减税降费的理论与政策红利

JIANSHUI JIANGFEI DE LILUN YU ZHENGCE HONGLI

1　减税的内涵与理论

1.1　相关概念的界定

1.1.1　税收及税收结构

1.1.1.1　税收

关于税收的定义有不同的观点和表述。马克思把税收界定为："赋税是政府机器的经济基础，而不是其他任何东西。""国家存在的经济体现就是捐税"。列宁也认为，所谓赋税，就是国家不付任何报酬而向居民取得东西。

西方经济学中税收理论依据主要来自"利益交换说"。税收是人们享受政府提供公共事业服务而付出的代价，是商品交换法则引入公共经济活动的结果，把税收看作政府与公民之间的一种利益交换关系，强调的是政府与公民之间的权利与义务的对等关系。20 世纪 30 年代以来的新的税收学说认为，国家征税除了为公共物品的供给筹措经费之外，还发挥调节经济的功能，如矫正外部效应、协调收入分配、刺激有效需求、优化产业结构等；更侧重于从弥补市场失灵和调节宏观经济的角度来阐明税收存在的客观性和必然性。

我国的税法中对税收的定义是：税收是政府为了满足社会公共需要，凭借政治权利，强制、无偿地取得财政收入的一种形式。税收的内涵主要体现在税收的分配关系本质、国家税权和税收目的三个方面。税收是国家取得财政收入的一种重要工具，其本质是一种分配关系；国家征税的依据是政治权利，它有别于按要素进行分配。国家可征税款的目的是满足社会公共需要。在外延上，税收具有无偿性、强制性和固定性的形式特征。

1.1.1.2　税收结构

税收结构是指为实现税收的财政、公平与效率的目标，由若干性质和作用不同的税种组成的具有一定功能的税收体系。简单来说就是税收收入结构，即税收收入总额中来自不同税种、不同地区、不同行业、不同部门、不同产品的比例。税收结构决定于税制结构。税制结构是指一国税收体系的整体布局和总体结构，是国家根据当时经济条件和发展要求，在特定税收制度下，由税类、税种、税制要素和征收管理层次所组成的，分别主次，相互协调、相互补充的整体系统。我国现行的税制结构是以流转税和所得税为双主体的税制结构。流转税是以商品生产流转额和非生产流转额为课税对象征收的一类税，流转税是我国税制结构中的主体税类，目前包括增值税、消费税、营业税和关税等税种。所得税亦称收益税，是指以各种所得额为课税对象的一类税，所得税也是我国税制结构中的主体税类，目前包括企业所得税、个人所得税等税种。

表1-1中给出了我国2003~2012年的主要税收情况，由表中的数据可以看出近年来我国的流转税、所得税都有大幅增加，增长速度也比较快，进一步体现了我国流转税和所得税双主体的税制结构。

表1-1 2003~2012年我国主要税收情况表 （亿元）

年份	合计	国内增值税	国内消费税	营业税	企业所得税	个人所得税	关税
2003	20017.31	7236.54	1182.26	2844.45	2919.51	1418.03	923.13
2004	24165.68	9017.94	1501.90	3581.97	3957.33	1737.06	1043.77
2005	28778.54	10792.11	1633.81	4232.46	5343.92	2094.91	1066.17
2006	34804.35	12784.81	1885.69	5128.71	7039.60	2453.71	1141.78
2007	45621.97	15470.23	2206.83	6582.17	8779.25	3185.58	1432.57
2008	54223.79	17996.94	2568.27	7626.39	11175.63	3722.31	1769.95
2009	59521.59	18481.22	4761.22	9013.98	11536.84	3949.35	1483.81
2010	73210.79	21093.48	6071.55	11157.91	12843.54	4837.27	2027.83
2011	89738.39	24266.63	6936.21	13679.00	16769.64	6054.11	2559.12
2012	100600.88	26415.69	7872.14	15747.53	19653.56	5820.24	2782.74

注：数据来源于《中国统计年鉴2012》。

图1-1给出了2003~2012年我国流转税和所得税的增长趋势，各主要税种都有较大幅度增长，其中，国内增值税、企业所得税、营业税的增长速度快，增长幅度大，在税收总额中的占比也比较大。

图1-1 2003~2012年我国主要税收收入情况

1—国内增值税；2—企业所得税；3—营业税；4—国内消费税；5—个人所得税；6—关税

图 1-2 给出了流转税和所得税在税收总额中的占比变化，总体上来看，流转税的占比呈缓慢的减小趋势，所得税占比呈缓慢的增大趋势，二者之和在税收总额中占比变化不大，始终在 77%~87%浮动。这充分体现了我国流转税和所得税双主体的税制结构。

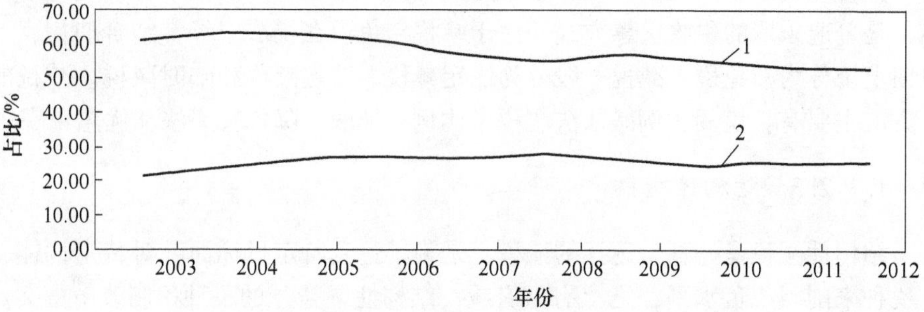

图 1-2 2003~2012 年我国流转税与所得税占税收总额比例情况
1—流转税占比；2—所得税占比

1.1.2 税收优惠与减税

1.1.2.1 税收优惠

税收优惠政策是国家利用税收调节经济的具体手段，国家通过税收优惠政策、可以扶持某些特殊地区、产业、企业和产品的发展，促进产业结构的调整和社会经济的协调发展。税收减免属于税式支出。分税种来看，增值税、营业税作为流转税，其中性本质决定了相关税收减免主要是通过降低商品所含税负进而降低商品终端销售价格，从而惠及整个生产、销售链条上的纳税人；企业所得税、关税税收减免实际上是国家对本来予以索取的税收的一种“让利”行为。本质上讲，所有的税收优惠都可以看成由税收法律、法规规定，通过税务机关对纳税人实施的一种财政补贴，并在不同的环节作用于企业的经营行为。

税收优惠方式。随着经济发展，一方面中小企业在创造就业机会和实现科技创新方面做出了突出贡献，另一方面其还处于相对劣势的地位，因此各国都相继引入一系列税收优惠政策，中国也不例外。从我国目前对中小企业的税收优惠方式看，主要有征前减免、退库减免和抵顶欠税；从税收优惠内容来看，主要有：改善民生、鼓励高新技术和创业投资、支持中小微企业发展经营、节能环保、促进区域发展、支持文化教育体育、支持金融资本市场等；从手段上看，主要有税额式、税率式和税基式等三种方式，如降低税率、提高起征点、税前扣减等，其中既涉及流转税也涉及所得税。除鼓励创业投资是通过间接方式扶持中小企业发展外，其余税收优惠均是通过直接减免的方式作用于中小企业。

1.1.2.2 减税

减税又称税收减征，是按照税收法律、法规减除纳税义务人一部分应纳税款。减税是对某些纳税人、征税对象进行扶持、鼓励或照顾，以减轻其税收负担的一种特殊规定。与免税一样，它也是税收的严肃性与灵活性结合制定的政策措施，是普遍采取的税收优惠方式。由于减税与免税在税法中经常结合使用，人们习惯上统称为减免税。减税一般分为法定减税、特定减税和临时减税。减税的具体方法主要有：税额比例减征法、税率比例减征法、降低税率法和优惠税率法。

1.1.2.3 结构性减税

结构性减税是一种有选择的减税，是为了达到特定目标而针对特定群体、特定税种来削减税负水平，是"有增有减，结构性调整"的一种税制改革方案。

财政部财科所税收政策研究室孙钢、邢丽在2004年就已经提出了结构性减税，认为结构性减税就是"有增有减，结构性调整"的一种税制改革方案。具体是根据我国经济形势发展的需要，相应调整税收政策，在优化税制结构的同时，可以开征一部分新税种，降低一部分税种的税负，以达到刺激经济，扩大投资和需求的目的。

目前在学术界对结构性减税达成共识：如财政部财科所贾康、中国人民大学财政金融学院安体富等人认为结构性减税的核心内容固然是减税，但结构性减税有别于全面的减税，是针对特定税种、基于特定目的而实行的税负水平削减。其所牵涉的税种是有选择的，并非不加区分地针对所有税种的税负水平"平均使力"或"一刀切"式削减。结构性减税还有别于大规模的减税，所实行的是小幅度、小剂量的税负水平削减，意在从量上削减税负水平，因此是"有限度"的减税。此外，结构性减税也有别于税负水平维持不变的有增有减结构性调整。尽管在税收政策上同样会有增有减，但结构性减税追求的目标是纳税人实际税负水平的下降。其特别强调"结构性减税"有别于全面的大规模的减税，是一种有限度的减税，并不是税负水平维持不变下的有增有减的结构性调整。

综合上述专家的观点，结构性减税意在从量上削减税负水平，主要是从优化税制结构、服务于经济增长和经济发展方式转变的要求着手，其落脚点是减轻企业和个人的税收负担。结构性减税体现在两方面：一是强调"结构性"，即不是全面的减税，而是有选择、带有强烈的优化税制结构意图的减税安排。从逻辑上说，既然有一定环境、条件下的"结构性减税"，便可能有一定环境、条件下的"结构性增税"。通过结构性增税为结构性减税创造更好条件。二是强调"减税"，降低税负总水平。其有别于税负水平维持不变的有增有减的结构性调整，是要达到全部纳税人实际总税负水平下降的目的。由于税收基数的不断扩大，税收收入总量随经济发展实现持续稳定增长。在优化税制结构的同时，实施结构性增税，可以开征一部分新税种或增加个别税种税负，降低另一部分税种的税负，以达到刺激经济、扩大投资和需求的目的。

1.2 减税的相关理论

1.2.1 传统减税理论

1.2.1.1 市场失灵理论

20 世纪 60 年代，创新学派代表人物 Nelson 和新古典经济学派代表人物 Arrow 将市场失灵理论应用于社会政策分析上。西方经济学中，资源是稀缺的，要想实现资源在全社会最优配置，需要有完全竞争市场、非外部效应、信息对称三个基本条件，首先假设市场是完全竞争市场，约束条件是达到最优的生产效率和最优的经济效率。但是，现实的条件一般不能满足完全竞争市场的假设以及约束条件，所以就出现了资源不能有效配置的市场失灵。税收政策之所以能够存在，就是因为它相当于政府为了弥补市场失灵而创造的一种可以介入经济运行过程的工具，它能够修正市场前进过程中遇到的政策失灵现象使资源尽可能地实现有效配置。此外，由于中小企业在国民经济发展中作用不容忽视，相对完善的税收政策能够更有效地帮助中小企业充分配置资源，在健康有序的市场环境下充分发挥自己的效用，进而能够促进国家更好地实现宏观经济政策目标。

1.2.1.2 古典学派税负理论

亚当·斯密（1776 年）在《国富论》中将自由经济学与财政学综合起来，极力主张政府尽量少干预甚至不干预经济的发展，任由经济主体自由竞争。他认为税负会阻碍资本的投入，削弱经济发展的能力。此外，亚当·斯密还提出了平等、确实、便利、节约四大课税原则。

大卫·李嘉图（1817 年）在《政治经济学及赋税原理》中指出税赋最终是从国家的资本或者国家的收入中获取的，是由政府支配的那部分国家土地和劳动产品。他还分析认为，在资本主义生产发展过程中，税收起到了不利的作用。课税往往使商品价格呈上升趋势。政府征收新税就会对生产发展增加新的负担，这样就会提高产品的自然价格。赋税还会改变商品间原有的价格比例关系。

1.2.1.3 凯恩斯学派减税理论

凯恩斯认为税收是刺激需求的手段，他不主张把年度财政收支平衡作为理财的基本目标。国家可以发行公债以推动经济的平衡发展、增加就业和国民收入，合理范围内的财政赤字可以刺激有效需求，增加政府投资，这是对私人投资不足的一种补充。他认为解决贫富差距问题可以采用对收入进行再分配的方式，通过累进税征收富人的一部分收入，再通过国家的转移支付手段分配给穷人，实现收入的再分配。累进税制可以使收入高的人多纳税，收入少的人少纳税，同时可以对低收入者实施一定的税收减免。

汉森提出了补偿性财政政策。在不同的经济时期采取不同的财政政策：扩张性的政策适合在萧条时期使用，可以减轻税负、增加支出，经济得到恢复发展；紧缩性的财政政策适合在繁荣时期使用，支出减少，税收增长，通货膨胀受到抑制。严格保证每一年的财政预算平衡是没有必要的，在萧条（或繁荣）时期出现赤字（或盈余）都是正常的，财政预算平衡在长期中可以实现。

萨缪尔森认为政府可以采取两方面的财税措施支持经济的平稳发展：(1)“斟酌使用的财政政策”，根据经济形势的趋势，适时调整财税政策，适应经济发展的需要；(2)“自动稳定器”，要使财税制度具有能够对经济的变动进行调节并使之趋于稳定的内在性能。

1.2.1.4 供给学派减税理论

“拉弗曲线”理论是由“供给学派”代表人物、美国南加利福尼亚商学研究生院教授阿瑟·拉弗（20世纪70年代）提出的，该理论之所以被称为“供给学派”是因为它主张以大幅度减税来刺激供给从而刺激经济活动。“拉弗曲线”的含义是说，税收额与税率并不是存在一定的正比例关系，也许在刚开始征税的时候增加税率会使税收额出现一定的增长，但是一旦税率超过一定的水平，税收反而会下降。因为税收额是由税率和课税基础共同决定的，如果税率过高，企业的利润不足以抵扣过高的税收或者企业的利润太低，就会影响企业继续生产的意愿，会削弱经济主体的活动积极性，这样税源将会相对萎缩，最终造成税收总额的减少。如果税率增加至100%，这将导致没有人愿意投资和工作，政府收入将减少到零。因此，只有改善投资环境，政府制定出合适的税率和相应的税收优惠政策，才能扩宽税基，使中小企业充分吸引社会力量和外商投资，增加税收，进而使企业发展和政府财政收入取得双赢。

供给学派认为税收制度的根本问题在于所得税，累进制使得边际税率过高。这对于富人的影响比较明显。富人拥有更多的财富（或收入），他们适用高税率，承担的所得税负担过重，这样会伤害他们创造新增收入的积极性。所以要降低所得税的边际税率，降低替代效应，提高人们生产的积极性。在调整边际税率的时候要特别重视额外收入的问题。

1.2.1.5 税收激励理论

税收激励是对一系列经济活动包括生产、消费、投资等行为所产生的激励作用。税收激励可以分为国内生产的一般激励、国内生产的特别奖励、外贸激励措施等。国内生产的动机主要是指国内生产的免税期、税收减免、加速折旧等；国内生产的特殊动机是指特殊行业或地区给予特殊的税收待遇，如新兴产业、高新技术产业给予特殊的税收待遇；外贸激励主要是通过地方税收措施鼓励出口和外国投资。市场上中小企业数量众多，产品相似度高，市场壁垒较小，因此在一定程度上可以把中小企业放在完全竞争市场上进行分析。根据微观经济学相关理论，在完全竞争市场条件下，在不征税的前提下，市场均衡完全取决于市场供求，而征税则会导致收益的降低，但是如果给予企业一些税收激励，在成本不变的条件下，企业收益非但不会减少反而会增加，从而企业会进一步扩大生产谋取更多利润。中小企业相对大企业来说其纳税能力是非常有限的，而根据纳税能力原则实现税负公平，应该对中小企业征以适合其能力的税负，并且一定程度的减税还会给中小企业带来一定的资金积累，促使企业加大投资进而扩大其生产规模。因此，国家往往会开发一系列税收优惠政策来支持中小型企业发展，激励国内经济的发展，引导中小企业前行。此外，促进中小企业做大做强有利于平衡市场经营主体的力量，对市场公平健康的竞争秩序的形成和维护有重要意义，并且能在一定程度上缓解个别大企业垄断市场进而损害其他市场经济主体利益的现象。

1.2.2 现代税收理论

1.2.2.1 税收的公平与效率原则

税收原则是政府在税制、实施税法过程中所遵循的准则，也是评价税收制度优劣、考核税务行政管理状况的基本标准，它包括政府对什么征税（课税对象）、征收多少（课税规模）、怎样征收（课税方式和方法）等税制的基本要素。

一般认为，亚当·斯密是历史上明确、系统地阐述税收原则的第一人，他在1776年发表的《国民财富的性质和原因的研究》中，根据他的经济思想提出了平等、确实、便利、最小征收费用等四大课税原则。这些原则为财政学界对税收原则的深入研究奠定了基础。斯密的税收四原则反映了资本主义上升时期经济自由发展，作为“守夜人”的政府不干预或尽可能少干预经济的客观要求。继斯密之后，不少经济学家如西斯蒙第、穆勒、萨伊等又提出许多税收原则，试图从不同角度对斯密的税收原则加以补充。相比之下，发展得较为完备的当属德国社会政策学派的代表人物瓦格纳，19世纪中叶，德国处于急剧的社会变革之中，自由竞争的资本主义逐渐过渡到垄断时期，社会矛盾日益突出，收入分配不公现象愈益严重。在此背景下，瓦格纳主张政府对经济活动积极干预，并谋求改变收入分配不公状况，以解决社会问题。在这种指导思想下，他提出四项税收原则，即财政政策原则、国民经济原则、社会公平原则和税务行政原则，极大地丰富了税收原则理论。

现代税收原则是在古典原则的基础上发展起来的，它是依据税收在现代经济生活中的职能作用加以概括的，包括效率原则、公平原则和稳定原则（见图1-3）。

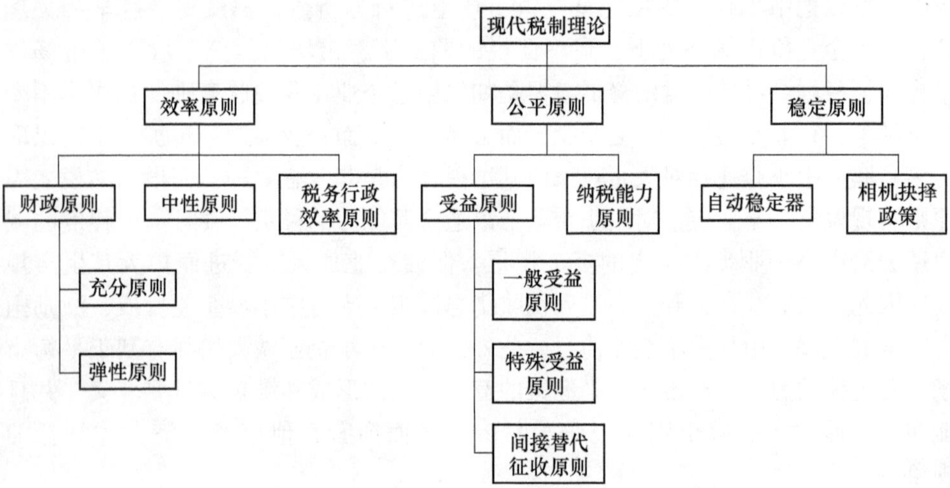

图 1-3　现代税制理论

（1）效率原则。要求税制的设计应尽可能有利于资源的合理配置。这首先要解决税收收入总水平如何确定的问题，为此，经济学家提出税收的财政原则，包括两层含义：税收的充分性和弹性。税收的充分性是指税收应当能够为政府活动提供充实的资金，保证政府提供公共服务的需要。税收有弹性是指税收收入应当能够随着国民收入的增长而增长，以满足长期的公私产品组合效率的要求。其次，假定税收带来的社会效益已经由财政支出项目的性质、规模以及政府的行政效率给定，那么效率就意味着税收所造成的社会成本应当最小，由此引出税收的另外两条原则：中性原则和税务行政效率原则。税收中性原则指的是政府课税不应干扰或扭曲市场机制的正常运行，或者说不影响私人经济部门原有的资源配置状况。税务行政效率原则是指为了使社会资源得到更加有效的配置，应当使税收成本最小化。

（2）税收公平原则。问题实质上就是如何确立税收公平标准的问题。依据不同的标准，人们对税收公平原则做出了许多种解释，大体可以概括为两类：受益原则和纳税能力原则。受益原则要求每个人所承担的赋税应当与他从公共产品中的受益相一致。每个人从公共产品中受益的不同，导致他们在福利水平的提高上存在差别。根据受益原则，横向公平意味着从公共产品中获益相同的人应缴纳相同的税收；而纵向公平意味着受益多的多纳税，受益少的少纳税。纳税能力原则就是根据每个人纳税能力的大小来确定其应当承担的税收。根据纳税能力原则，横向公平可以解释为具有相同纳税能力的人应缴纳同等的税；纵向公平可以理解为具有不同纳税能力的人缴纳不同的税，也即纳税能力大的人多纳税，纳税能力小的人少纳税，无纳税能力的人不纳税。这是公认的比较合理且易于实行的衡量税制公平的标准。按照这一原则，税制是否公平是从税收自身考虑的，与政府支出无关。

1.2.2.2 最优税制理论

A 最优税制的原则与基本假设条件

信息的不对称使得政府在征税时丧失了信息优势，在博弈中处于一种不利的地位，在自然秩序作用下无法达到帕累托最优状态，只能通过制度的安排，使之接近于这个状态。最优税制理论就是在此基础上形成发展起来的。

税收的基本原则主要为效率与公平，最优税制应该是同时兼顾效率原则与公平原则的税制。税收的效率原则要求税收不干预资源的配置，保持一种中性，以免造成对纳税人行为的扭曲。也就是税收只有收入效应，而不产生替代效应，在收入效应中，只有资源从私人手中转移到政府手中，而替代效应则会因为个人行为的扭曲而产生效率的损失。税收的公平性应该是在收入的分配中体现，横向公平为同等福利水平的纳税人应同等纳税，纵向公平为不同福利水平的纳税人应不同纳税。

最优税制理论的基本假设条件如下：

（1）市场状态假设：个人偏好、生产技术（一般可获得连续规模收益）和市场结构（完全竞争市场）要明确表示出来。

（2）政府的行为能力假设：政府必须通过一套交易成本较低的、有限的税收工具体系来筹措既定的收入（工具的选择与个人的消费相关，纳税义务与经济政策无关的一次总负税不予考虑）。

（3）标准函数假设：多人的模型中，以社会福利函数作为标准函数，计算各种结果，以此作为选择税收工具的标准。

B 最优商品税理论

尽管现实中有各种理由非课税不可，然而，几乎所有的税收都构成纳税人的负担，并对纳税人的经济决策造成不同程度的干扰，从而造成资源配置效率的损失。最优商品税就是从讨论如何实现效率损失最小化开始的。

税收的效率原则指出，尽管政府可以通过课征只产生收入效应而不产生替代效应的税种，如总额税来筹措收入，而不至于扭曲资源配置的效率，但其后果是完全忽视了收入分配的公平性。因此，在税制设计中，丝毫不损及经济效率的最优税收在现实中是不存在的。为此，只能退而求其次，寻求在保证一定收入规模的前提下，使课税行为导致的经济扭曲程度最小化，这就是所谓的次优税收。可见，与经济学上的“最优”相区别，最优税收理论中的“最优”实际上指的是“次优”。

最优商品税理论所研究的主要是商品税问题。假定政府要筹措既定的税收收入，而且收入主要通过对商品课税来取得。那么，应如何确定应税商品的范围和税率，才能使课税带来的额外负担最小？

最优商品课税问题的现代分析最早起源于拉姆齐的创造性贡献。他以完全竞争市场中的单一消费者经济为假设前提，最早提出了最优商品设计的两个法则。

a 等比例减少法则

要使税收的超额负担最小，税率的设置应当使各种商品的生产以相等的百分比减少。用公式表示为：

$$\frac{\mathrm{d}x_i}{x_i}=\frac{\mathrm{d}x_2}{x_2}=\cdots=\frac{\mathrm{d}x_n}{x_n} \tag{1-1}$$

式中，$\mathrm{d}x_i$ 是课税所导致的第 i 种商品生产量的减少；而 x_i 是课税前第 i 种商品的生产量。式（1-1）表明，只有在所有商品的边际额外负担都相同时，征税所产生的总超额负担才会最小。

等比例减少法则的政策含义是，要实现最优商品课税，应当对所有的商品课征统一的税率，从而尽可能使税收只具有收入效应而不会产生替代效应。应当肯定，这一做法的确有很大的吸引力，但在实际生活中，问题要复杂得多。

首先，出于公平的考虑，对高收入者更多消费的商品课征更高的税率，对低收入者更多消费的商品应课征较低的税率，而不应简单地课征统一税率了事。

其次，从纠正外部性问题看，对产生负外部性的商品应课征更高的税率（如对烟酒的课税），以抑制它的生产和消费；而对产生正外部性的商品应课征较低的税率，以鼓励它被更多地生产和消费。

b 逆弹性法则

最优税制应当使对每种商品的补偿需求均以税前状态的同等比例下降，这是拉姆齐法则的标准阐述。通过对用来推到拉姆齐法则的经济施加进一步的约束，即假定课税商品之间不存在交叉价格效应，鲍莫尔和布莱德福特（Baumol and Bradford，1970 年）推导出逆弹性法则：比例税率应当与课税商品的价格弹性呈反比例。这一法则的政策含义是十分明显的，即生活必需品（因为它们的需求价格弹性很低）应当课以高税，而对奢侈品则课以轻税。但这样一来，就暴露了一个十分严重的问题，它忽略了收入分配具有内在的不公平性。

为改变拉姆齐法则置分配公平于不顾的境地，戴蒙得和米尔利斯（Diamond and Mirrlees，1971 年）率先在最优商品税率决定中引入公平方面的考虑，并且将拉姆齐法则中的单个家庭经济扩展至多个家庭经济中。他们指出：在需求对立的情况下，一种商品的最优税率不仅取决于其需求价格的逆弹性，而且取决于它的收入弹性。这意味着，对许多价格弹性和收入弹性都较低的商品来说，应当将实行高税率的分配不公问题和实行低税率的效率损失问题进行比较，具有意义的改变应当是：使那些主要由穷人消费的商品数量减少的比例比平均水平低。或者说，基于公平的考虑，对于高收入阶层尤其偏好的商品，无论弹性是否很高，也应确定一个较高的税率；而于低收入阶层尤其偏好的商品，即使弹性很低，也应确定一个较低的税率。

对拉姆齐法则的修正需要注意两个问题：（1）对那些既非富人也非穷人特别偏好的商品，仍可以遵循拉姆齐法则行事；（2）尽管有人辩称商品税无须承担收入分配的职能，并认为收入分配问题只应由所得税解决，但实际情况并非如此。事实上，出于显示身份、自尊、习俗等多方面的原因，现实中确实存在着不少收入弹性高而价格弹性低的商品（如钻石、名画、豪宅等），这就提供了通过对这些商品课税以改进收入分配的可能性。

C　最优所得税理论

谈及所得税问题，立即面临有名的“做蛋糕”与“切蛋糕”之间的权衡问题。一种观点认为，所得税是为满足公平目标而有效实施再分配的手段；另一种认为，所得税的课征是对劳动供给和企业精神的一种主要抑制因素，特别是当边际税率随着所得的增加而增加的时候。最优所得税理论旨在分析和解决所得课税的公平和效率之前的权衡取舍问题。

米尔利斯（Mirrlees，1971 年）研究了非线性所得税的最优化问题。他的模型所得出的重要的一般结果是：

（1）边际税率应在 0 和 1 之间。

（2）有最高所得的个人的边际税率为 0。

（3）如果具有最低所得的个人按最优状态工作，则他们面临的边际税率应当为 0。

无疑，第（2）点结论是最令人惊奇的。不过，这一结论的重要性也许不存在于告诉政府应通过削减所得税表中最高所得部分的税率，以减少对最高收入者的影响；其重要性在于它表明最优税收函数不可能是累进性的，这就促使人们必须重新审视利用累进所得税制实现再分配的观念。也许说，要使关注低收入者的社会福利最大化，未必需要通过对高收入者课以重税才能实现，事实上，让高收入承担过重的税负，其结果可能反而使低收入者的福利水平下降。

由于米尔利斯的非线性模型在分析上十分复杂，其结论也只是提供给我们关于政策讨论的指导性原则。为了得到最优税收结构的更详细情况，有必要考察数值方面的分析。从政策目的看，基于米尔利斯模型的数值分析所得出的重要结论有：

（1）最优税收结构近似于线性，即边际税率不变，所得低于免税水平的人可获得政府的补助。

（2）边际税率相当低。

（3）所得税并非缩小收入不平等的有效工具。

斯特恩（Stern，1976 年）根据一些不同的劳动供给函数、财政收入的需要和公平观点，提出了最优线性所得税模型。他得出的结论是，线性所得税的最优边际税率随着闲暇和商品之间的替代弹性的减小而增加，而随着财政收入的需要和更加公平的评价而增加。这意味着，人们对减少分配不平等的关注越大，则有关的税率就应越高，这一点是与我们的直觉相符的。另一方面，最优税率与劳动供给的反应灵敏度、财政收入的需要和收入分配的价值判断密切相关，假如我们能够计算或者确定这些参数值，就可以计算出最优税率。

1.3　减税的作用机理

1.3.1　税收优惠的作用原理和过程

从税收调节传导机制的角度来看税收优惠政策的基本原理，政府的征税活动从一定程度上来说就是政府在社会经济活动中打进了一个税收“楔子”，这个“楔子”通过收入效应和替代效应不可避免的变化，进而影响纳税人的投资劳动力供给和技术进步等生产要素。对中小企业来说，当政府有意识地运用税收优惠政策时，税收调控的一般传导机制是税收优惠政策—投资收益提高—中小企业行为调整—投资、消费、劳动力改善—经济目标实现，简单来说这个机制就是直接调节收入，间接调节行为。在竞争充分的市场条件下，纳税人收入与税收政策的变化息息相关，中小企业纳税人一般具有独立的利益和决策权，任何税收政策的变化都会在一定程度上改变纳税人的决策。如果税率相对较低，优惠的税收政策会鼓励纳税人在市场经济和经济利益合理调整法允许的前提下增加投资、技术和劳动力投入，进而增加产量，此时税收政策主要发挥其激励效应。反之，在高税率和低利润情况下，纳税人一般用消费或者储蓄替代投资，尽量选择闲暇替代劳动，此时税收政策主要发挥其替代效应，从而经济增长速度也会相应降低。在市场经济中，税收调节的一般传导机制已经成为一个普遍规律，而纳税人的行为调整具有必然性调整幅度则取决于税收调控的力度和市场的完善程度。

对中小企业实行的税收优惠政策，属于政府对经济进行调控的一个重要工具，同样符合税收调节的传导机制，但是在作用方式和产生的效应方面却与税收政策相反。在一定的税制结构下，优惠政策的实施效果，也就是对独立纳税人的行为影响会因为税收幅度、范围变更、受益对象的变化而变化，此外税收优惠的重要作用就是激励利润最大化的独立纳税人调整自己的行为，增加劳动和投资。在相对完善的市场机制环境下，税收优惠政策的传导效应会非常明显。一般情况下生产者的边际收益会大于边际成本，市场失灵导致资源不能有效进行配置的时候，政府给予中小企业相应的税收优惠会弥补企业的生产成本，从而激励生产者增加生产要素。但是一旦相应的政策没有达到政府的预期效果时，政府会进行相机抉择，适当调整政策的各项细节，以达到经济目标，其具体的作用过程如图1-4所示。

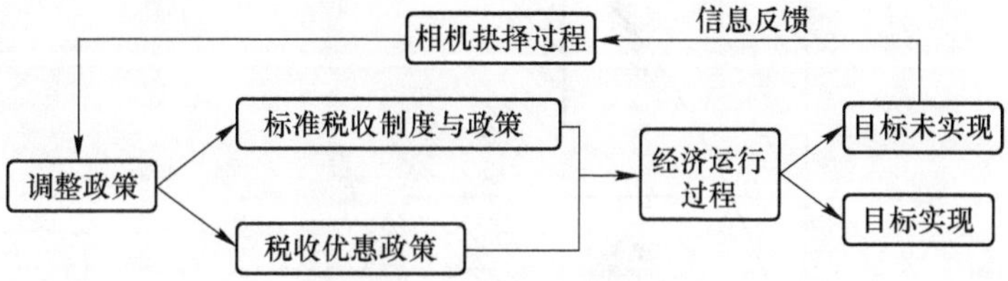

图 1-4 优惠政策作用过程

1.3.2 从税收乘数看减税的作用机理

税收乘数用来反映税收变动与其引起的国民收入变动的倍数的关系。税收乘数是指因政府增加（或减少）税收而引起的国民生产总值或国民收入减少（或增加）的倍数。由于税收是对纳税人收入的一种扣除，税收高低会影响到投资并进而影响到国民收入。税收变动与国民收入呈反方向变化，即税收减少，国民收入增加；税收增加，国民收入减少。因此，税收乘数是负值。税收乘数又指收入变动对税收变动的比率。

若以 Kt 表示税收乘数，ΔY 表示国民收入变动量，ΔT 表示税收变动额，则：

$$Kt = \Delta Y/\Delta T \tag{1-2}$$

根据边际消费倾向和投资乘数理论，税收乘数与边际消费倾向大小有关，若以 b 表示边际消费倾向，则：

$$Kt = - b/(1 - b) \tag{1-3}$$

税收乘数效应是指税收的增加或减少对国民收入减少或增加的程度。由于增加了税收，消费和投资需求就会下降。一个部门收入的下降又会引起另一个部门收入的下降，如此循环下去，国民收入就会以税收增加的倍数下降，这时税收乘数为负值。相反，由于减少了税收，使私人消费和投资增加，从而通过乘数影响国民收入增加更多，这时税收乘数为正值。

1.3.3　从拉弗曲线看税收对经济发展的作用

供给学派的税收观点可归结为三个基本命题：高边际税率会降低人们的工作积极性，而低边际税率会提高人们的工作积极性；高边际税率会阻碍投资，减少资本存量，而低边际税率会鼓励投资，增加资本存量；边际税率的高低和税收收入的多少不一定按同一方向变化，甚至可能按反方向变化。这三个命题可用拉弗曲线进行说明。拉弗曲线是说明税率与税收收入和经济增长之间的函数关系的一条曲线，如图 1-5 所示。

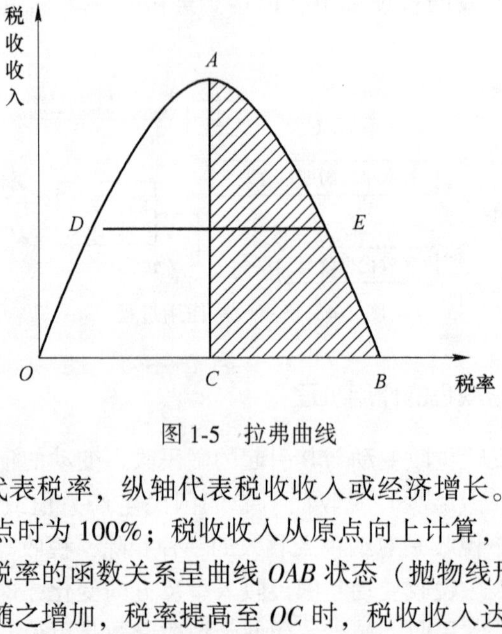

图 1-5　拉弗曲线

图 1-5 中横轴代表税率，纵轴代表税收收入或经济增长。税率从原点开始，然后逐级增加至 *B* 点时为 100%；税收收入从原点向上计算，随着税率的变化而变化。税收收入与税率的函数关系呈曲线 *OAB* 状态（抛物线形），当税率逐级提高时，税收收入也随之增加，税率提高至 *OC* 时，税收收入达到最大；税率一旦超过 *OC*，税收收入反而呈减少趋势，当税率上升到 *OB*（100%）时，税收收入将因无人愿意工作和投资而降为零。供给学派把“*CAB*”区域，即图中阴影部分，称为税率“禁区”。当税率进入禁区后，税率越提高，税收收入越减少。

拉弗曲线至少阐明了以下 3 个方面的经济含义：

（1）高税率不一定取得高收入，而高收入也不一定要实行高税率。因为高税率会挫伤生产者和经营者的积极性，削弱经济行为主体的活力，导致生产停滞或下降。

（2）取得同样多的税收收入，可以采取两种不同的税率，如图 1-5 中的 *D* 点和 *E* 点，税收收入是相等的，但 *D* 点的税收负担很轻。由于低税负刺激了工作意愿、储蓄意愿和投资意愿，促进经济增长，随着经济增长，税基扩大，税收收入自然增加。

（3）税率、税收收入和经济增长之间存在着相互依存、相互制约的关系，从理论上说应当存在一种兼顾税收收入与经济增长的最优税率。因此，保持适度的宏观税负水平是促进经济增长的一个重要条件。

2 减税降费政策的发展历程

2.1 分税制改革之后大规模税制改革与调整

1994 年分税改革以来，我国经过了大规模税制改革与调整，2004 年 1 月 1 日起，新一轮税制改革又陆续启动，这标志着符合社会主义市场经济体制要求的税收制度在我国逐步建立，但仍需完善。

(1) 2003 年，十六届三中全会通过的《中共中央关于完善社会主义市场经济体制若干问题的决定》(以下简称《决定》)，作出了“分步实施税收制度改革”的战略部署，明确了我国下一步税制改革的基本原则和主要内容。《决定》指出，按照“简税制、宽税基、低税率、严征管”的原则，围绕统一税法、公平税负、规范政府分配方式、促进税收与经济协调增长、提高税收征管效能的目标，在保持税收收入稳定较快增长的前提下，适应经济形势和国家宏观调控的需要，积极稳妥地分步对现行税制进行有增有减的结构性改革。另外，《决定》确定了八个方面的改革内容：改革出口退税制度；统一各类企业税收制度；增值税由生产型改为消费型，将设备投资纳入增值税抵扣范围；完善消费税，适当扩大税基；改进个人所得税，实行综合和分类相结合的个人所得税制；实施城镇建设税费改革，条件具备时对不动产开征统一规范的物业税，相应取消有关收费；在统一税政前提下，赋予地方适当的税政管理权；创造条件逐步实现城乡税制统一。在经济发展水平和经济结构发生巨大变化，工业和建筑业为主的第二产业产值占 GDP 比例不断提高，“三农”问题、资源与环境等经济和社会发展瓶颈不断凸显的背景下，2003 年之后，我国基于经济结构调整的各种税制改革开始实行。

(2) 2004 年 6 月 30 日，财政部、国家税务总局下发了《关于取消除烟叶外的农业特产税的通知》。2005 年 12 月 29 日，第十届全国人民代表大会常务委员会第十九次会议决定，自 2006 年 1 月 1 日起，废止《农业税条例》。这标志着在我国历史上实行了 2600 年的“皇粮国税”——农业税退出了历史舞台。

(3) 2005 年 12 月 14 日，第十届全国人大常委会第十八次会议通过《关于修改〈中华人民共和国个人所得税法〉的决定》，规定工资、薪金所得费用扣除标准从每月 800 元提高到每月 1600 元。2007 年 6 月 29 日，全国人大常委会通过修法，将个人所得税扣除标准提至 2000 元。2011 年 6 月 30 日第十一届全国人民代表大会常务委员会第二十一次会议对《关于修改〈个人所得税法〉的决定》

进行第六次修正，将费用减除标准进一步提高到3500元，并调整工薪所得税结构，由9级调整为7级，取消15%和40%两档税率，将最低的一档税率由5%降为3%，大幅度减轻了中低收入纳税群体的负担，对高收入者的调节力度有所加大。2018年8月31日，十三届全国人大常委会第五次会议表决通过了关于修改个人所得税的决定。自2018年10月1日起，个人所得税起征点从3500元/月提高至5000元/月，并适用新的综合所得税率。

（4）2007年3月，第十届全国人民代表大会第五次会议审议通过了《企业所得税法》，结束了我国长期以来执行《企业所得税暂行条例》和《外商投资企业和国外企业所得税法》两套内外有别的企业所得税法的历史。

（5）2009年1月1日起，修订后的《增值税暂行条例》《消费税暂行条例》和《营业税暂行条例》开始实施。由此，我国增值税实现了由生产型向消费型的重大改革，进一步适应了经济社会发展的需要。2012年12月1日，中国税制改革的“重头戏”——营业税改征增值税正式扩大至天津市、浙江省、湖北省和宁波市，中国“营改增 ”试点省、市已达12个。“营改增”促进了企业设备更新改造和二、三产业融合发展。

（6）2011年11月1日起，财政部、国家税务总局宣布上调增值税和营业税起征点，同时对金融机构与小型、微型企业签订的借款合同免征印花税，为小微企业增添了活力。

2011年11月17日，《营业税改征增值税试点方案》发布，决定从2012年1月1日起，在上海市交通运输业和部分现代服务业展开试点。从2012年1月1日至2014年12月31日，对小微企业免征注册登记费等22项行政事业类收费。

2003年以来的税制改革中，统一企业所得税、取消农业税和增值税转型是改革的核心，同时对其他税种也进行了相应的改革和调整，经过这些年的改革，我国税制由23种减少为19种，即增值税、消费税、营业税、企业所得税、个人所得税、资源税、城镇土地使用税、房产税、城市维护建设税、耕地占用税、土地增值税、车辆购置税、车船税、印花税、契税、烟叶税、关税、船舶吨税和固定资产投资方向调节税。

2.2　结构性减税改革

结构性减税在2008年12月初召开的中央经济工作会议中首次被提出。之后，我国实施了企业所得税并轨、增值税转型改革等一系列结构性减税政策。

2008年，金融危机席卷全球。面对国际形势的发展变化，我国采取了一系列措施应对危机，其中最大的亮点就是结构性减税。

结构性减税既区别于全面的、大规模的减税，又不同于以往的有增有减的税负调整，结构性减税更强调有选择的减税，是为了达到特定目标而针对特定群体、特定税种来削减税负水平。业界专家指出，这轮税改的最大特征是对现行税制有增有减的结构性调整。其针对特定群体指向明确，如中低收入者和小微企业等。“实施结构性减税政策是落实积极财政政策的重要组成部分。”2012 年以来的结构性减税主要围绕以下 5 个方面进行：

（1）减轻中小企业特别是小微企业税收负担，带动就业和创业，增强经济发展的内生动力。自 2012 年 1 月 1 日至 2015 年 12 月 31 日，对年应纳税所得额低于 6 万元（含 6 万元）的小微企业，其所得减按 50%计入应纳税所得额，按 20%的税率缴纳企业所得税。同时，大幅提高个体工商户（小型微型企业）增值税和营业税起征点，免征金融机构与小型微型企业签订的借款合同印花税，实行农村金融机构营业税优惠、金融企业中小企业贷款损失准备金税前扣除等政策。

（2）继续加大税收政策支持力度，促进保障和改善民生。落实新的个人所得税法，提高个人所得税工薪所得减除费用标准和调整税率结构。对蔬菜的批发、零售免征增值税。在部分地区和行业进行农产品增值税核定抵扣办法试点，研究完善粮食、农业生产资料增值税优惠政策。出台支持农村饮水安全工程建设、运营的税收政策。出台支持校车运营、中小学食堂的税收优惠政策。

（3）稳步推进营业税改征增值税试点。为完善增值税税制，促进经济结构调整优化和服务业发展，2012 年 1 月 1 日起，在上海市交通运输业和部分现代服务业开展营业税改征增值税试点。在试点实施办法中，将仓储、配送和货运代理明确作为现代服务业，适用 6%的低税率。对试点地区的单位和个人提供的国际运输服务、向境外单位提供的研发服务和设计服务适用增值税零税率。

（4）扩大物流企业营业税差额征税试点范围，出台物流企业大宗商品仓储设施用地的城镇土地使用税优惠政策，促进物流业健康发展，降低企业物流成本。

（5）通过实施较低进口暂定税率等方式，鼓励国内不能生产或性能不能满足要求的先进技术设备、关键零部件以及国内紧缺的重要能源、资源、原材料等产品的进口。

十八大后，中国税制改革环境与过去相比最大的变化是，税制改革不仅围绕着经济发展中心，而且更多地与公共政策功能相结合。结构性减税改革，可以减轻企业负担，从而让企业轻装上阵，增强企业活力，增加居民可支配收入，刺激居民消费，促进经济发展。

3 2019减税降费政策主要内容及特点

3.1 减税降费政策出台背景

自2018年以来，我国不断加大减税降费力度，特别是2019年减税降费政策密集出台，减税降费力度最大、规模空前。2018年年底，中央经济工作会议对宏观经济形势做出了全面研判，指出“要看到经济运行稳中有变、稳中有忧，外部环境复杂严峻，经济面临下行压力”，并提出“六稳”的理念方针。在宏观经济运行如此复杂条件下，党中央和国务院审时度势，将减税降费作为逆周期调节的重要政策选择，从经济社会发展阶段来看，具有其重要的内在逻辑，同时减税降费着眼于建立与高质量发展相适应的财税体系，从根本上增强了经济转型发展动力。

3.1.1 经济背景

减税降费是一项重大的经济决策。2018年以来，我国经济仍面临较大的下行压力，一些重要经济指标逐渐走低或低位运行。GDP增速逐季下行，从2018年第一季度的6.8%下降到第四季度的6.4%；工业生产者价格指数也呈现下行走势；采购经理指数于2018年11月跌落至枯荣线以下。从国际上看，世界经济也复苏乏力，且有继续放缓的迹象。一些国际组织和研究机构纷纷调低了全球经济预期。世界银行预测，2018年全球经济增速为3%，同比降低了0.15个百分点，并几次下调2019年和2020年全球经济增速预期至2.6%和2.7%。

为提振经济信心，党中央、国务院陆续出台了系列政策举措：（1）实施更大规模减税降费；（2）降息和增加流动性；（3）扩大赤字；（4）促进稳投资；（5）刺激消费需求；（6）稳定出口，扩大进口开拓多元化市场；（7）推进“一带一路”建设；（8）深化“放管服”改革等。这其中，减税降费是力度最大、最为直接、最为公平，也是最快见效的政策。这是在总结前几年经验的基础上做出的科学决策，是积极财政政策的“重手拳”，是应对经济下行压力的“助推器”，是保持经济运行在合理区间的“当头炮”。

3.1.2　战略背景

减税降费是一项重大的战略决策。实施更大规模减税降费是在世界正经历百年未有之大变局中，审时度势应对重大风险挑战的战略之选。特别是当时中美贸易摩擦成为我国面临的最大外部不确定因素。在这一背景下，及时推出更大规模减税降费政策措施，充分体现了应对重大风险挑战的战略考量。

从时机上看，体现了战略性预判。习近平总书记在 2018 年 11 月 1 日民营企业座谈会上，就对加大减税力度提出了明确要求。李克强总理多次强调今年要实施更大规模减税降费。这给市场释放了积极的信号。2019 年 1 月 1 日起一系列减税降费政策措施就相继出台，为应对中美贸易摩擦下了一着漂亮的“先手棋”，体现了党中央、国务院未雨绸缪的战略预判。

从力度上看，体现了战略性安排。2 万亿元新增减税降费规模，不仅出乎市场预料，也出乎很多政策制定参与者的预想。超预期的政策安排带来了稳预期的战略效果，对保持当前稳定、推动长远发展意义重大。

从导向上看，体现了战略性聚焦。这次大规模减税降费聚焦于实体经济、扩大就业、刺激消费、创新发展，导向很明确，就是要推动我国经济高质量发展，为提升我国经济国际竞争力后植战略基础。

3.1.3　政治背景

减税降费是一项重大的政治决策。实施更大规模减税降费不仅作用于经济，而且事关国家治理的全局，是以习近平同志为核心的党中央从全局的高度做出的重大政治决策，是必须完成好的政治任务。

首先，事关第一个百年目标能够顺利实现的政治大事。当前，我国正处于全面建成小康社会的决胜期，应对好经济下行压力，处理好外部重大风险挑战不仅是经济领域的事情，是关系到小康社会全面建成、第一个百年奋斗目标顺利实现，关系到我国国际影响力和国际地位提升的大事。历史经验表明，凡是轻徭薄赋的年代，老百姓就过得好，经济就发展得好。其次，需要体现政府刀刃向内过紧日子的政治担当。减税降费是要动政府的存量利益，要割自己的肉，要千方百计挖潜补缺的难事，需要有政治决策的果敢和担当。通过政府过紧日子，帮助企业过松日子，进而让老百姓过好日子，体现了坚持以人民为中心的发展理念。

3.2　减税降费政策主要内容

2019 年实施更大规模减税降费政策，全年全国 2 万亿元的减税降费规模主要来自三个方面：（1）2019 年新出台的政策；（2）2018 年实施对 2019 年形成翘尾影响的政策；（3）2018 年到期后在 2019 年延续的政策。目前看，共涉及 12

个税种，18个费种（养老、失业、工伤三项社保费以及15项非税收入）。

3.2.1　新出台的减税降费政策

3.2.1.1　个人所得税专项附加扣除政策

2018年12月13日，国务院印发《关于个人所得税专项附加扣除暂行办法的通知》（国发〔2018〕41号），出台《个人所得税专项附加扣除暂行办法》。自2019年1月1日起，将子女教育、继续教育、大病医疗、住房贷款利息或者住房租金、赡养老人等6项支出作为专项附加扣除，从个人所得税应纳税所得额中减除。

3.2.1.2　小微企业普惠性税收减免政策

2019年1月9日，国务院常务会议决定再推出一批针对小微企业的普惠性减税措施。为落实会议决定，2019年1月17日，财政部和国家税务总局联合发布《关于实施小微企业普惠性税收减免政策的通知》，随后发布了《关于实施小型微利企业普惠性所得税减免政策有关问题的公告》。为落实好小微企业普惠性税收减免政策，2019年1月21日，国家税务总局发布《关于深入贯彻落实减税降费政策措施的通知》，提出九项落实减税降费政策的具体要求。

从今年1月1日起实施的小微企业普惠性税收减免政策主要内容：

（1）对月销售额10万元及以下的增值税小规模纳税人，免征增值税。

（2）对小型微利企业年应纳税所得额不超过100万元的部分，减按25%计入应纳税所得额，按20%的税率缴纳企业所得税，实际税负降至5%；对年应纳税所得额超过100万元但不超过300万元的部分，减按50%计入应纳税所得额，按20%的税率缴纳企业所得税，实际税负降至10%。

（3）增值税小规模纳税人的“六税两费”，按50%减征。“六税两费”包括：资源税、城市维护建设税、房产税、城镇土地使用税、印花税（不含证券交易印花税）、耕地占用税、教育费附加、地方教育附加。

3.2.1.3　深化增值税改革政策

2019年3月20日，财政部、税务总局、海关总署下发《财政部税务总局海关总署关于深化增值税改革有关政策的公告》（财政部税务总局海关总署公告2019年第39号）。

2019年3月21日，税务总局下发《国家税务总局关于深化增值税改革有关事项的公告》（国家税务总局公告2019年第14号），《国家税务总局关于调整增值税纳税申报有关事项的公告》（国家税务总局公告2019年第15号），《国家税务总局关于出口退税率文库 2019B 版的通知》（税总函〔2019〕82 号），《国家税务总局办公厅关于印发〈2019 年深化增值税改革纳税服务工作方案〉的通知》（税总办发〔2019〕34 号）。

从今年 4 月 1 日起实施的深化增值税改革政策主要内容：

（1）降低增值税税率水平。将适用 16%税率的项目改按 13%税率征税，主要涉及制造业等行业；将适用 10%税率的项目改按 9%税率征税，主要涉及交通运输业、邮政业、建筑业、房地产业、基础电信服务和农产品等货物；保持 6%一档税率不变，主要涉及现代服务业、金融业、生活服务业和增值电信服务。纳税人购进农产品，原适用 10%扣除率的，扣除率调整为 9%。纳税人购进用于生产或者委托加工 13%税率货物的农产品，按照 10%的扣除率计算进项税额。

（2）扩大进项税抵扣范围。将购进国内旅客运输服务纳入抵扣范围。将取得不动产支付的进项税由分两年抵扣改为一次性全额抵扣。这两项措施可增加纳税人的可抵扣进项税，让减税惠及所有纳税人。

（3）试行期末留抵退税制度。对降低税率水平后纳税人的增量留抵税额按条件予以退还，有效增加企业现金流。

（4）对生产、生活性服务业进项税额加计抵减。对主营业务为邮政、电信、现代服务和生活服务业的纳税人，按进项税额加计 10%抵减应纳税额，政策实施期限暂定截至 2021 年年底。

通过实施以上政策措施，确保主要行业税负明显降低，确保部分行业税负有所降低，确保所有行业税负只减不增。另外，出口退税率方面，原适用 16%税率且出口退税率为 16%的出口货物劳务，出口退税率调整为 13%；原适用 10%税率且出口退税率为 10%的出口货物、跨境应税行为，出口退税率调整为 9%。适用 13%税率的境外旅客购物离境退税物品，退税率为 11%；适用 9%税率的境外旅客购物离境退税物品，退税率为 8%。

3.2.1.4　降低社会保险费率政策

2019 年 4 月 1 日，国务院办公厅印发《降低社会保险费率综合方案》，2019 年 5 月 1 日起，下调城镇职工基本养老保险单位缴费比例，各地可降低至 16%。同时调整就业人员社会平均工资口径，继续执行阶段性降低失业和工伤保险费率政策。以辽宁省为例，2019 年 4 月 25 日，辽宁省政府下发《辽宁省人民政府办公厅关于印发辽宁省降低社会保险费率综合实施方案的通知》（辽政办发〔2019〕14 号），公布《辽宁省降低社会保险费率综合实施方案》。政策规定：自 2019 年 5 月 1 日起，全省城镇职工基本养老保险（包括企业和机关事业单位基本养老保险）单位缴费比例降至 16%。自 2019 年 9 月 1 日起，全省失业保险继续执行总费率为 1%的阶段性降低费率政策，期限延长至 2020 年 8 月 31 日。此外，在调整社保缴费基数方面也做出具体规定。

3.2.1.5　降低其他收费的政策

从 2019 年 7 月 1 日起，扩大减缴专利申请费范围，降低国家重大水利工程建设基金和民航发展基金征收标准，减征中央所属企事业单位文化事业建设费，对产教融合试点企业实施投资抵免教育费附加和地方教育费附加等政策。

3.2.1.6　支持扶贫捐赠的税收政策

2019 年 1 月 1 日至 2022 年年底，对企业用于国家扶贫开发重点县、集中连片特困地区县和建档立卡贫困村的扶贫捐赠支出，按规定在计算应纳税所得额时据实扣除；对符合条件的扶贫货物捐赠免征增值税。

3.2.1.7　支持污染防治的税收政策

2019 年 1 月 1 日至 2021 年年底，对从事污染防治的第三方企业，减按 15% 税率征收企业所得税。

3.2.1.8　2019 年新出台的其他税收优惠政策

2019 年新出台的其他税收优惠政策（具体情况略）。

3.2.2　2018 年实施在 2019 年产生翘尾的减税政策

2018 年，有一部分税收政策于年中出台实施，在 2019 年形成了翘尾性减税。主要包括：将增值税税率从 17%、11%下调为 16%、10%，统一增值税小规模纳税人标准（2018 年 5 月 1 日实施）；个人所得税第一步改革涉及的提高个人所得税基本减除费用标准（5000 元/月）和调整综合所得税率结构（2018 年 10 月 1 日实施）。

3.2.3　延续的税收政策

目前，2018 年执行到期的政策中，科技企业孵化器、大学科技园等 8 项政策已发文延续执行；公共租赁住房、农村饮水安全工程建设运营、国产抗艾滋病病毒药品等 12 项税收优惠政策已经国务院常务会议审议通过延续执行。

3.3　我国减税降费政策的主要特点

2019 年减税降费无论纵向上同国内历次减税相比，还是横向上与世界各国特别是美国减税相比，实施的减税降费都堪称“更大规模”。

3.3.1 与国内历次减税的比较情况

与国内历次减税情况相比，2019年减税降费主要体现三个“前所未有”的特点：

（1）规模力度大。规模力度之大前所未有。2019年全国新增2万亿元的减税降费一揽子安排，且大多在前几个月分别有序推出，比往年相对更早更集中，规模更大。一是相当于2018年实际新增减税规模的2倍；二是相当于2003年我国全年财政收入；三是2万亿元中所含的约1.7万亿元减税规模超过了2001年全年财政收入，占去年税务部门组织税收收入和今年税收收入预算的比例分别为12.3%和12%左右。这在我国历史上没有过的。

（2）惠及范围广。惠及范围之广前所未有。这次减税降费既利企业又惠个人，既利经济又惠民生，各类市场主体、广大人民群众都能分享减税红利。深化增值税改革强调确保所有行业税负只减不增，社保费降率要务必使企业特别是小微企业社保缴费负担有实质性下降，个人所得税减税直接面向个人，工薪阶层受益面100%，普惠性特征充分显现，刺激消费、改善民生的作用更加增强。

（3）优惠方式多。优惠方式之多前所未有。既有减税又有降费，既减中央收入又减地方收入，既有政策性调整的减收又有制度性改革的减收。从减税看，现行税务部门征收的16个税种，有12个税种都存在不同程度的减税。既有税率式减免，也有税额式减免，还有税基式减免，尤其突出了税率式和税额式减免，减税方式更加直接显化。既有传统式的减税方式，还创新了一些减税方式，最典型的就是增值税加计抵减，这在世界所有实行增值税的国家都是首创。此外，增值税留抵退税从临时性的政策措施上升为长期性的制度安排。从降费看，除社保费外，仅国务院审议通过降低的非税收入就有15项，加上地方出台的就更多了。还有一些用能用地用网、物流交通灯方面的收费也纷纷下调（如一般工商业平均电价、移动网络流量、铁路货运价、成品油价格等）。

3.3.2 与美国特朗普政府税改的比较情况

2018年1月1日起实施的特朗普税改，被认为是1986年以来美国最大规模的减税改革。与我国减税相比，有以下几方面的差异：

（1）从减税方向看，我国是只减不增的政策安排；美国是有减有增的政策组合，在减税的同时有不少增税的措施。比如，美国在降低企业所得税和个人所得税税率的同时，采取限制税前扣除、取消个人免税额等措施，很大程度上抵消了前者带来的减收效应。根据美国税收联合基金会的测算，其未来十年累计新增减税55024亿美元，增税约40464亿美元，净减税14560亿美元。

（2）从减税力度看，我国的减税无论是绝对额还是相对额，都要大于美国。

根据美国国会预算宁国市数据推算，美国税改实施后的 2018 年全年减税约 2173 亿美元，占联邦收入的比例约为 6.5%，占同期 GDP 的比例约为 1%。2019 年我国实施更大规模减税降费，新增减税折算后约为 2463 亿美元，约占一般公共预算收入的 9%，占 GDP 的比例约 1.7%。

（3）从减税实施执行情况看，我国一揽子减税相继推出、迅速到位，美国至今还有一些配套文件及软件系统尚未到位。近期，美国财政部有一份关于美国税改中 IRS（美国国内收入局）工作情况的审计报告，对美国税改完成进度“堪忧”。报告指出，美国税改实施至今一年多，IRS 大多数配套文件出台滞后，申报表也没有完全修改到位，仍有部分纳税申报表沿用旧版表格，38 项需完成的计算机程序修改升级，有 34 项还没有完成，54 个计算机程序修订方案没拟定完毕。相比之下，我国在落实减税降费中进一步体会我国的体制优势，以及由此所带来的“中国效率”“中国速度”的力量。

（4）从减税所处经济周期看，全国是在经济下行压力下的“逆周期”调节，美国则是在经济回升阶段的“顺周期”调节。通常而言，在经济回升阶段，企业经营状况改善、获利能力提升，减税的效果更易被经济景气向好而放大增强。在经济下行阶段，企业经营状况下滑、获利能力收缩，减税虽然有利于刺激经济增长，但如果企业下滑收缩的程度大于税收减少的幅度，那么减税的效果容易被经济不景气所冲掉。因此，这对我国的减税降费是一个考验。

第 2 篇

减税降费的经济效应

JIANSHUI JIANGFEI DE JINGJI XIAOYING

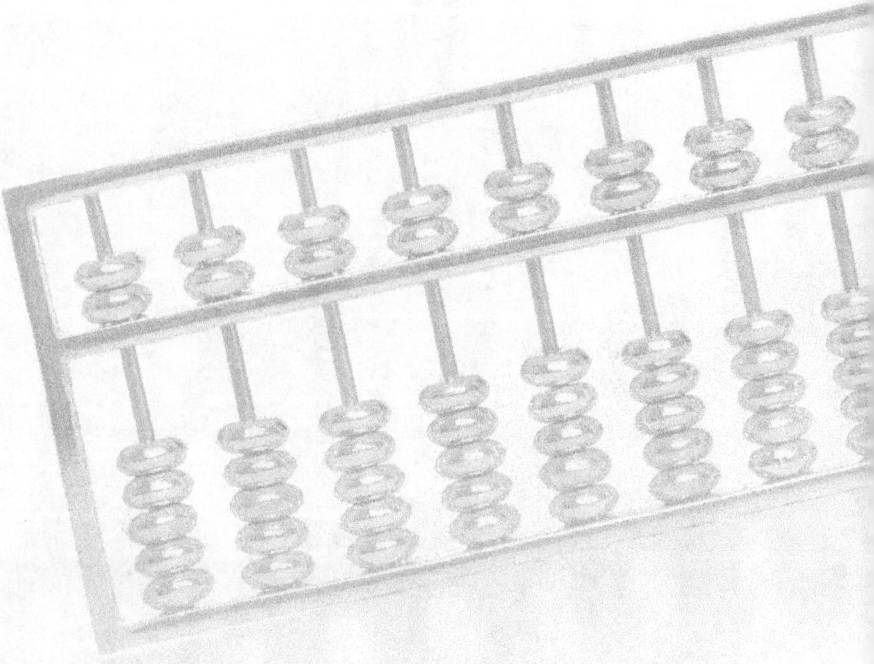

4 中小企业普惠性政策效应分析

中小企业[1]是我国国民经济和社会发展的重要力量，在发展市场经济、吸纳人员就业方面发挥着巨大的产出效应。据相关资料，目前我国工商登记的中小企业数量占企业总数的 99.8%，这些中小企业每年为国家创造约 60%的 GDP，提供 80%以上的城镇就业岗位。但是长久以来，中小企业由于自身在资金、技术、管理甚至行业准入门槛方面存在许多短板，一定程度上制约了其发展。近年来，国家为促进中小企业健康发展，出台了一系列扶持中小企业的金融、税收政策，为中小企业的发展壮大提供了良好的政策环境。

4.1 中小企业税收优惠情况概述

4.1.1 税收优惠政策的主要内容及发展变化

近年来，我国中小企业的发展问题受到了国家和各级政府的高度重视，一系列税收扶持政策相继出台，不断增强企业应对市场风险的能力，切实减轻了企业负担，助推了中小企业健康发展。辽宁省响应国家的号召，发布了很多相关措施，其中很大一部分税收优惠政策都针对小微企业。首先是在企业所得税方面。从 2008 年至今有了很大变化，主要变化为三个方面。

（1）在优惠力度上进一步加大，简化了计算方法，另外在申报手续上也进行了相应简化。2008 年，国家初次以法律形式对小型微利企业给予优惠，对年纳税额少于 30 万元的小型微利企业，按照 20%的税率进行纳税，2009 年，政策进行修订，所得税减半征收，并且征税的上限改为 3 万元。到了 2011 年，征税期限延长为 1 年，然后 2012 年 1 月 1 日起，不仅优惠期延长了 4 年，减半征税的上限也从 3 万元调至 6 万元。到 2014 年，税收优惠期进一步延长，上限调至 10 万元，并且机关对企业的审批手续进行了简化，此外，自 2015 年年初至 2017 年结束，对年应纳税所得额低于 20 万元（含 20 万元）的小型微利企业，其所得减按 50%计入应纳税所得额，按 20%的税率缴纳企业所得税。另一方面，2015 年4 月开始，试点中用非货币性资产例如股权、技术发明、不动产之类进行投资

[1] 本章所述中小企业均为《关于印发中小企业划型标准规定的通知》（工信部联企业〔2011〕300 号）文件所指标准。

的实际收益，将会改掉之前一次性纳税而实施分期纳税政策，从而推广至全国范围内。据有效估计，此次的降税规模将会达到 150 亿元，中小企业和员工每年也能达到 400 多亿元的降税额。为了实现中小企业更快更好的发展，税收政策逐年变化，一直在不停地改进。

（2）增值税方面，从 2011 年起，财政部、国税总局对增值税起征点进行提高，自 2011 年 11 月 1 日，辽宁省将增值税起征点调整至总局发布的第 65 号令中的最高上限，月销售额在 2 万元的个体工商户享受到优惠。至 2013 年 8 月，优惠幅度进一步加大，免税范围扩大至企业和非企业性单位，对月销售额不超过 2 万元的企业或非企业单位暂免增值税。到了 2014 年 10 月至 2015 年年底，增值税免税范围又一次增大，变成月销售额 2 万元至 3 万元。从 2011 年至现在的增值税政策变化趋势可以看到，变化主要在起征点和免税范围方面，我们希望未来可以看到更加优惠的政策来反映国家对中小企业的扶持。

（3）营业税方面，国家主要在多个领域对部分中小企业实行减免政策，并且限定了企业的起征点，采取的主要方式是减免税额和税基。从 1999 年开始，在改善民生、提高居民收入等各个领域，国家都提供了很多免征营业税的政策。2014 年，为了促进小微企业发展，国家税务局总局关于进一步支持小微企业增值税和营业税政策的通知中规定，从 2015 年 1 月起，月营业额 2 万元至 3 万元的营业税纳税人（个体、非个体、个人）免征营业税。

4.1.2　税收优惠政策的主要特点

4.1.2.1　优惠总量逐年走高，占总体税收优惠额度比例上升

2011~2014 年辽宁落实各项中小企业税收优惠 89.6 亿元；分国地税看，国税系统落实 79.3 亿元，占全部比例为 88.5%，地税系统落实 10.3 亿元，占全部比例为 11.5%；分年度看，2014 年较 2011 年增加 15.9 亿元，年均增长 24.5%，占全部企业享受税收优惠数额的比例由 10.4%上升到 15%，上升 4.6 个百分点。

4.1.2.2　大连地区优惠额领先，辽阳和抚顺增速领跑

由表 4-1 可知，全省绝大多数地市中小企业税收优惠额实现快速增长，14 个地市中，除盘锦外，其他 13 个地市的中小企业税收优惠额均呈现快速增长态势，其中辽阳和抚顺增长最快，分别实现 63.6% 和 52.9% 的年均增速。从总量情况看，大连市 4 年共减免 34.7 亿元，占比 38.8%，沈阳市共减免 30.8 亿元，占比 34.4%；其次为辽阳、丹东、抚顺、鞍山、铁岭和盘锦，占比分别为 4.4%、3.6%、3.5%、3.2%、2.7% 和 2.3%；最低的是本溪，只有 0.5 亿元，占比仅为 0.6%。

表 4-1　2011~2014 年辽宁省中小企业税收减免情况　（万元）

地区	2011 年	2012 年	2013 年	2014 年	总计	占比/%	年均增长/%
沈阳	67360.7	72925.0	68118.5	119823.1	307956.7	34.38	21.17
大连	62179.1	75901.5	73795.0	115124.2	347270.4	38.77	22.79
鞍山	4749.3	4182.2	6918.6	12728.4	28578.5	3.19	38.90
抚顺	3901.8	6073.7	7070.6	13951.0	30997.1	3.46	52.91
本溪	986.5	1307.1	1335.7	1843.7	5473.0	0.61	23.18
丹东	5220.4	4056.6	10261.2	12784.1	32322.4	3.61	34.79
锦州	2657.0	2449.7	3160.4	5272.2	13539.3	1.51	25.66
营口	2970.3	3276.2	3373.5	4833.5	14453.6	1.61	17.62
阜新	1417.2	1604.3	1079.4	2691.2	6792.1	0.76	23.83
辽阳	4948.1	4668.6	7752.2	21650.4	39019.3	4.36	63.56
铁岭	3734.3	5288.3	6448.9	8732.5	24204.0	2.70	32.73
朝阳	1701.5	2813.8	3507.8	4629.8	12652.9	1.41	39.61
盘锦	7187.0	7899.4	3202.4	2150.8	20439.6	2.28	-33.11
葫芦岛	2638.9	2000.4	2592.0	4711.1	11942.4	1.33	21.31
合计	171652.0	194446.9	198616.1	330926.1	895641.1		24.46

注：数据来源于税务部门税收会统报表（2011~2014 年）。

4.1.2.3　增值税占比最高且呈逐年提高趋势

由表 4-2，分税种看，2011~2014 年增值税减免 55 亿元，占比 61.4%，企业所得税减免 34.4 亿元，占比 38.4%，营业税减免 0.22 亿元，占比 0.24%；年度间来看，2014 年增值税减免 22.5 亿元，较 2011 年增加 13.2 亿元，增长 1.4 倍，当年占比由 54%增长到 68%，增长 14 个百分点；2014 年企业所得税减免 10.6 亿元，较 2011 年增加 2.7 亿元，增长 34.9%，当年占比则由 45.6%下降到 31.9%，降低 13.7 个百分点；营业税税收优惠额体量很小，尤其在 2013 年实施营改增政策以后，减免总量在 200 万~300 万元。

表 4-2　分税种中小企业税收优惠情况

税种	2011 年	2012 年	2013 年	2014 年	2011 年	2012 年	2013 年	2014 年
	税收优惠额/万元				所占比例/%			
增值税	92692	108890	123142	225030	54.0	56.0	62.0	68.0
企业所得税	78273	84584	75276	105565	45.6	43.5	37.9	31.9
营业税	687	972	199	331	0.4	0.5	0.1	0.1
合 计	171652	194447	198616	330926	100.0	100.0	100.0	100.0

注：数据来源于税务部门税收会统报表（2011~2014 年）。

4.1.2.4 二产减免占比较高

由表 4-3 可知，2011~2014 年，辽宁省三次产业中小企业税收优惠额分别为 6.9 亿元、56.2 亿元和 26.5 亿元，占比分别为 7.7%、62.7%和 29.6%。分行业看，2011~2014 年，制造业享受减免 44.6 亿元，占比接近 50%；批发零售业享受减免 15.1 亿元，占比 16.8%；电力、热力、水的生产和供应业享受减免 8.2 亿元，占比 9.1%；交通运输、仓储和邮政业享受减免 4.1 亿元，占比 4.6%；采矿业享受减免 2.9 亿元，占比 3.2%；以上五大行业合计减免 74.9 亿元，占中小企业全部减免的比例为 86.3%。此外，年均增长较快的行业是：金融保险、教育文化、电力、商业和制造业。

表 4-3 2011~2014 年辽宁省中小企业分行业情况

主要行业名称	税收优惠额/万元	占比/%	年均增长/%
农、林、牧、渔业	68673.5	7.7	19.5
采矿业	28825.0	3.2	14.7
制造业	446483.5	49.9	26.1
电力、热力、燃气及水生产和供应业	81634.8	9.1	28.8
建筑业	4556.7	0.5	-9.5
批发和零售业	150620.0	16.8	28.8
交通运输、仓储和邮政业	41375.6	4.6	10.4
住宿和餐饮业	4205.0	0.5	-0.6
信息传输、软件和信息技术服务业	11087.9	1.2	15.8
金融业	16003.0	1.8	98.2
房地产业	3911.0	0.4	-11.2
租赁业	20828.2	2.3	5.4
科学研究和技术服务业	4456.2	0.5	-6.5
水利、环境和公共设施管理业	785.1	0.1	8.7
居民服务、修理和其他服务业	2350.7	0.3	-31.4
教育	1026.0	0.1	39.0
卫生和社会工作	1356.0	0.2	-12.9
文化、体育和娱乐业	7463.0	0.8	29.0

注：数据来源于税务部门税收会统报表（2011~2014 年）。

4.1.2.5 四大类型为减税主体

由表 4-4 可知，分企业类型看，股份和私营占六成以上，国有和外资占比接近三成。2011~2014 年股份公司减免 40.9 亿元，占比 45.7%；私营企业减免 19.5 亿元，占比 21.8%；国有企业享受中小企业税收优惠 14.2 亿元，占比 15.8%；外商投资（含港澳台投资）减免 11.9 亿元，占比 13.3%。

年度间来看，2014 年国有企业减免 5.2 亿元，较 2011 年增加 2.6 亿元，年均增长 25%，当年占比 15.8%，较 2011 年提高 0.2 个百分点；股份公司税收优惠则由 2011 年的 7.6 亿元，上升到 2014 年的 15.1 亿元，增加 7.5 亿元，增长 1 倍，当年占比 45.6%，较 2011 年提高 1.6 个百分点；外商投资（含港澳台投资）享受减免额 2014 年较 2011 年增加 1.8 亿元，年均增长 19.7%，当年占比 13.4%，较 2011 年下降 1.6 个百分点；私营企业享受减免额 2014 年较 2011 年增加 3.5 亿元，年均增长 24.5%，当年占比上升到 21.8%，较 2011 年提高 0.1 个百分点。

表 4-4 分经济类型中小企业税收优惠情况

税 种	2011 年	2012 年	2013 年	2014 年	2011 年	2012 年	2013 年	2014 年
	税收优惠额/万元				所占比例/%			
国有企业	26766.6	32672.2	29786.9	52279.0	15.6	16.8	15.0	15.8
集体企业	4090.1	3358.6	6124.6	7935.3	2.4	1.7	3.1	2.4
股份合作企业	777.4	689.4	978.1	1433.9	0.5	0.4	0.5	0.4
联营企业	16.6	22.4	57.1	55.0	0.010	0.011	0.029	0.017
股份公司	75609.8	88062.7	94454.8	151005.6	44.0	45.3	47.6	45.6
私营企业	37328.3	43063.6	42602.0	72078.7	21.7	22.1	21.4	21.8
其他企业	1266.4	643.7	1253.1	1874.9	0.7	0.3	0.6	0.6
外商投资（含港澳台）	25796.8	25934.4	23359.5	44263.8	15.0	13.3	11.8	13.4
合 计	171652.0	194446.9	198616.1	330926.1	100.0	100.0	100.0	100.0

注：数据来源于税务部门税收会统报表（2011~2014 年）。

4.1.2.6 三大政策减免额突出

由表 4-5 可知，分政策来看，优惠政策主要体现在鼓励高新技术、改善民生和促进小微企业发展“三大政策”，节能环保和支持三农也占一定的比例。其中鼓励高新技术减免比例最高，2014 年归属于该项政策的减免有 11.9 亿元，占当年减免总量的 35.9%；其次是改善民生政策，当年减免 7.2 亿元，占比 21.8%，近年来，国家出台一系列促进小微企业发展的税收优惠政策，2014 年共减免 6.5 亿元；上述三项政策共为中小企业税收优惠 25.6 亿元，占比 77.4%。

表 4-5　2014 年分减免类型中小企业税收优惠情况

减免类型	税收优惠额/万元	占比/%
改善民生	72188.7	21.8
鼓励高新技术	118790.8	35.9
促进小微企业发展	65173.6	19.7
节能环保	47498.6	14.4
支持金融资本市场	1131.2	0.3
支持三农	22503.0	6.8
支持文化教育体育	3640.2	1.1
税收优惠额合计	330926.1	100.0

4.2　中小企业税收优惠政策效应计量分析

4.2.1　计量分析的基本思路

量化考察税收减免对中小企业经营和国民经济发展的影响程度，理论上可以有两种思路：（1）通过分析税收优惠因素对研究对象发生作用的过程，建立税收减免额与研究对象之间的相关关系，进而采用多元回归分析法或固定其他影响因素的对比分析法对税收优惠的效用进行量化；（2）借用已经被量化的国民经济各部分之间的相互依存关系，通过税收优惠在不同部门、产业环节间的分布情况，观察税收优惠发生作用的环节和结果，进而得出税收优惠对研究对象的影响程度。

第一种思路的优点在于可以直接建立起研究对象对税收优惠的回归系数，从而量化两者之间的相关度。其缺点在于，实际操作中因为很难列举全部且相互独立的影响要素，或者即使列举齐全，也很难找到相应的代表性经济指标。这使得建立多元回归分析模型变得难以实现，事实上，如果能够成功建立起多元回归模型，也就同样得出了研究对象对其他变量如资金投入、产业水平、创新能力、管理水平等的回归系数，这使得构建模型本身成为一个复杂的宏观经济学课题。同样，也很难将所有的其他变量加以固定，而单独运用对比分析法来观察税收优惠对研究对象的作用程度。

第二种思路的优点在于可以避开对研究对象影响因素的列举，利用社会生产过程中各种经济变量相互作用后的平衡关系表——投入产出表，建立相应的投入产出模型，直接考察税收优惠因素对研究对象的影响程度。缺点在于在目前无法区分税收优惠金使用方向的前提下，采用这种方法必须基于一个基本假设，即全部的税收减免都被再次投入本行业的再生产，对于纳税人将优惠税款直接或间接投资于其他行业的行为予以忽略，这将在一定程度上影响最终结果的准确性。但如果在以后的税收优惠统计调查中能够对纳税人税收优惠金的使用方向加以统计，这种方法的估算结果将更为准确。

考虑到数据获得的难易程度和中小企业经营活动的特点（跨行业多元化投资相对较少），采用第二种思路对中小企业税收优惠效应进行研究是可行的，误差也是可以接受的。

4.2.2 中小企业税收优惠对经济的影响分析

税收减免属于税式支出，本质上讲，可以将之看成由税收法律、法规规定，通过税务机关对纳税人实施的一种财政补贴。因此，考察税收减免对企业经济行为的影响，可以主要从资金层面加以量化❶，测算不同经济部门因享受减免而获得的资金带来的产出增量，以及它们在不同部门间的分配消耗情况（即投入增量），最后通过投入产出表投入与增加值的关系测算由于税收优惠带来的GDP增量。本书详述其具体测算过程。

4.2.2.1 整理税收优惠金在部门间的分布

2011~2014年，辽宁省对中小企业的税收优惠呈逐年上升趋势，其中2014年达到33.1亿元。为静态观察税收优惠对宏观经济的影响，我们整理出2014年全部中小企业税收优惠额在139个国民经济部门的分布情况，得到各部门因享受减免而获得的流动资金增加额见表4-6。

表4-6 2014年中小企业税收优惠在各国民经济部门分布略表

行业名称	税收优惠额/万元
合计	330926
农业	4541
林业	2048
畜牧业	3116
渔业	4227
农、林、牧、渔服务业	8570
煤炭开采和洗选业	808
石油和天然气开采业	956
⋮	⋮

❶ 由于针对中小企业的税收优惠主要是对应纳税额的直接减免，因此很容易将税收减免额理解为企业获得的流动资金补充。

4. 2. 2. 2　计算各部门因流动资金增加而带来的产出增量

在企业层面，资金与产出之间的关系与企业的资金周转能力有关，具体是通过流动资产周转次数来加以衡量。

$$\text{流动资产周转次数} = \frac{\text{产出额(或主营业务收入净额)}}{\text{流动资产平均余额}} \tag{4-1}$$

将式（4-1）变形，得到：

$$\text{产出额(或主营业务收入净额)} = \text{流动资产平均余额} \times \text{流动资产周转次数} \tag{4-2}$$

在实际测算中，将企业获得的税收优惠视为流动资金的补充，但由于税收优惠额并不是在年内一次性获得，因此需要计算税收优惠金的平均余额，其公式为：

$$\text{减免税金平均余额} = \frac{(\text{减免税金期初余额} + \text{减免税金期末余额})}{2} \tag{4-3}$$

接下来，通过全国重点税源数据库❶抽取大样本，测算各部门流动资金周转次数，计算得出税收优惠金额在各部门带来的产出增量，见表 4-7。

表 4-7　各部门税收优惠带来产出增量计算略表

行业名称	税收优惠平均余额/万元	流动资产周转次数	产出增量/万元
合计			392976
农业	3678	1. 30	4764
林业	1659	0. 36	603
畜牧业	2524	1. 21	3053
渔业	3424	2. 08	7118
农、林、牧、渔服务业	6942	1. 97	13683
煤炭开采和洗选业	654	1. 94	1267
石油和天然气开采业	775	1. 08	834
⋮	⋮	⋮	⋮

4. 2. 2. 3　利用投入产出表估算产出增量对增加值的影响

投入产出表也称部门联系平衡表或产业关联表，它是根据国民经济各部门生

❶　由于辽宁省统计未发布 139 部门的流动资金周转次数，此处采用税收调查数据库数据进行部门资金流转水平的测算，中小企业在全部企业中所占比例超过 90%，加之税收调查数据库样本量较大，抽取样本 5. 7 万户，故此处获得的流动资金周转次数是可用的。

产（或服务）中的投入来源和使用去向纵横交叉组成的一张棋盘式平衡表，用来揭示各部门间技术、经济相互制约的数量关系。用符号表示的投入产出表的基本表式见表4-8。

表4-8　用符号表示的投入产出表

		中间使用				最终产品	总产出
		1	2	…	n		
中间投入	1	x_{11}	x_{12}	…	x_{1n}	y_1	X_1
	3	x_{21}	x_{22}	…	x_{2n}	y_2	X_2
	⋮	⋮	⋮	⋮	⋮	⋮	⋮
	n	x_{n1}	x_{n2}	…	x_{nn}	y_n	X_n
增加值		v_1	v_2	…	v_n		
总投入		X_1	X_2	…	X_n		

根据投入产出表中的基本关系式：

$$a_{ij} = \frac{x_{ij}}{x_j} \tag{4-4}$$

式中　a_{ij}——直接消耗系数；

x_{ij}——第 j 部门生产过程中所消耗的第 i 部门产品的数量；

x_j——第 j 部门的总产出。

可以导出

$$x_{ij} = a_{ij}x_j \tag{4-5}$$

用直接消耗系数 a_{ij} 乘以 j 部门总产出得到由于税收优惠而使各行业增加的消耗。在其他行业投入不变的情况下，由于税收优惠带来的各行业增加的消耗所需增加的投入量就是各行业的投入增量，根据投入产出表中总投入与增加值的比例关系可以计算出由于税收优惠而带来的各行业增加的投入量产生的增加值。

4.2.2.4　结论

利用2012年辽宁省投产出表，按照上述方法进行估算，2014年辽宁省对中小企业税收优惠为33.1亿元，大体带来受减免部门39.3亿元的企业产出，拉动全社会总产出增加154.9亿元，带来全社会增加值52.3亿元，占当年辽宁省GDP的0.63%。对中小企业每1元钱的税收减免，通过直接和间接的作用于经济，可以分别带来4.7元的产值和1.58元的增加值，也即中小企业税式支出对GDP的投资乘数为1.58。

从收入法结构来看，税收优惠拉动增加的52.3亿元增加值中，生产税净额

9.6 亿元，营业盈余 9.8 亿元，按照所得税占营业盈余的 10%❶粗略估算，增加的增加值中所得税约为 0.98 亿元。这样因为税收优惠而带来新增税收 10.6 亿元。

上述分析显示，税收优惠对促进中小企业发展的作用较为明显，税收优惠充分发挥了投资乘数效应，带来了全社会各部门产出的增加，从而拉动了经济的增长。此外，由于新增产出带来了税收的增长，一定程度上也弥补了税收优惠在财政角度的损失。

4.2.3　中小企业税收优惠对产业环节的影响分析

2011~2014 年，对中小企业实施的各项税收减免，涉及国民经济全部三次产业。年度间来看，税收优惠的分布较为稳定，这是由于三年间中小企业的产业结构变化不大。利用加工后的辽宁省投产出表，观察享受税收减免的部门（以下简称税收优惠部门）的产业关联度情况。

4.2.3.1　后向关联度分析

后向关联度分析是观察税收优惠部门对其他国民经济部门的拉动作用。理论上讲，税收优惠部门的向后关联度越高，对其施以税收减免就能更有效拉动整个产业链，促进社会经济总量的增长，税式支出的乘数效应就越显著。

从投入产出的角度，主要运用影响力系数来体现部门的产业后向关联度。影响力系数是当国民经济某一部门增加一个单位的最终使用时，对国民经济各部门所产生的需求波及程度，它是从列昂惕夫逆矩阵列的角度展开的分析。其公式为：

$$F_i = \frac{\frac{1}{n}\sum_{i=1}^{n}\bar{b}_{ij}}{\frac{1}{n^2}\sum_{i=1}^{n}\sum_{j=1}^{n}\bar{b}_{ij}} \quad (i,\ j = 1,\ 2,\ \cdots,\ n) \tag{4-6}$$

利用 2012 年辽宁省投入产出表，加工出全部税收优惠部门的影响力系数，见表 4-9。

表 4-9　2014 年影响力系数部门税收优惠情况

行业名称	税收优惠金额/万元	户数占比/%	影响力系数
通信设备	769	0.19	1.3711799

❶　根据 2014 年辽宁省税收调查数据的 5.7 万户样本统计，所得税约占营业盈余的 10%。

续表 4-9

行业名称	税收优惠金额/万元	户数占比/%	影响力系数
计算机	835	0.12	1.3456541
电池	234	0.11	1.3354912
文化、办公用机械	5018	3.04	1.3289518
视听设备	3675	0.14	1.2841340
电子元器件	5821	0.84	1.2757541
汽车整车	2259	0.24	1.2733246
家用器具	375	0.22	1.2719882
其他交通运输设备	721	0.16	1.2710657
有色金属压延加工品	1195	0.77	1.2639725
其他电子设备	48	0.50	1.2612213
输配电及控制设备	6522	0.92	1.2575101
铁路运输和城市轨道交通设备	1086	0.28	1.2573340
广播电视设备和雷达及配套设备	84	0.09	1.2554180
电线、电缆、光缆及电工器材	1383	0.53	1.2396928
纺织制成品	382	0.27	1.2395429
仪器仪表	2541	0.98	1.2313211
针织或钩针编织及其制品	139	0.34	1.2254848
泵、阀门、压缩机及类似机械	4853	3.37	1.2119289
采矿、冶金、建筑专用设备	9114	0.98	1.2094399
汽车零部件及配件	2805	1.61	1.2052911
电机	1095	0.26	1.2039961
金属制品	8253	2.89	1.2001456
涂料、油墨、颜料及类似产品	185	0.43	1.1997137
皮革、毛皮、羽毛及其制品	727	0.35	1.1974820
农、林、牧、渔专用机械	776	0.61	1.1971191
钢压延产品	8583	0.91	1.1945048

续表 4-9

行业名称	税收优惠金额/万元	户数占比/%	影响力系数
棉、化纤纺织及印染精加工品	1290	0.27	1.1906781
锅炉及原动设备	808	0.24	1.1891608
其他电气机械和器材	923	0.42	1.1888829
纺织服装服饰	1653	3.85	1.1796269
塑料制品	2406	1.75	1.1780694
鞋	118	0.18	1.1759443
金属加工机械	1430	1.25	1.1737171
其他专用设备	2491	0.96	1.1734648
房屋建筑	363	0.07	1.1706003
物料搬运设备	1335	0.20	1.1689527
化学纤维制品	85	0.18	1.1673595
专用化学产品和炸药、火工、焰火产品	3349	1.11	1.1655644
化工、木材、非金属加工专用设备	485	0.42	1.1641864
电力、热力生产和供应	14173	0.87	1.1620308
有色金属及其合金和铸件	1209	0.66	1.1546792
其他通用设备	6315	2.78	1.1512191
石膏、水泥制品及类似制品	1414	0.27	1.1511405
建筑装饰和其他建筑服务	189	0.12	1.1510552
毛纺织及染整精加工品	109	0.28	1.1490603
土木工程建筑	53	0.09	1.1458287
航空运输	3571	0.11	1.1410289
文教、工美、体育和娱乐用品	313	0.47	1.1406993
水泥、石灰和石膏	2150	0.53	1.1378413
研究和试验发展	400	0.14	1.1352829
钢、铁及其铸件	6567	0.88	1.1350587
农药	630	0.14	1.1214081

续表 4-9

行业名称	税收优惠金额/万元	户数占比/%	影响力系数
其他制造产品	1005	2.82	1.1212197
陶瓷制品	90	0.26	1.1210994
建筑安装	57	0.19	1.1184455
砖瓦、石材等建筑材料	179	0.28	1.1165935
屠宰及肉类加工品	720	0.23	1.1073390
船舶及相关装置	20766	0.64	1.1029471
方便食品	179	0.18	1.1024967
非金属矿采选产品	376	0.24	1.0967551
水的生产和供应	16545	0.26	1.0944841
印刷品和记录媒介复制品	189	0.43	1.0879175
木材加工品和木、竹、藤、棕、草制品	1930	1.59	1.0850196
造纸和纸制品	813	1.02	1.0825915
肥料	659	0.14	1.0822504
日用化学产品	374	0.34	1.0731229
铁合金产品	303	0.20	1.0698527
仓储	1201	0.73	1.0696855
玻璃和玻璃制品	1640	0.31	1.0689304
基础化学原料	23949	0.77	1.0679513
橡胶制品	2036	1.31	1.0670654
燃气生产和供应	1712	0.15	1.0612719
乳制品	47	0.08	1.0552850
麻、丝绢纺织及加工品	142	0.24	1.0542698
金属制品、机械和设备修理服务	619	0.42	1.0478595
医药制品	806	0.49	1.0463106
石墨及其他非金属矿物制品	1989	0.64	1.0455026
调味品、发酵制品	533	0.42	1.0359106

续表 4-9

行业名称	税收优惠金额/万元	户数占比/%	影响力系数
家具	735	0.94	1.0357912
装卸搬运和运输代理	524	0.24	1.0272404
饲料加工品	120	0.24	1.0232288
合成材料	155	0.33	1.0131180
精炼石油和核燃料加工品	5619	0.24	1.0116366
管道运输	0	0.07	1.0015531
蔬菜、水果、坚果和其他农副食品加工品	1487	0.95	0.9988960
其他食品	233	0.34	0.9963784
邮政	88	0.07	0.9953238
有色金属矿采选产品	1479	0.16	0.9930803
植物油加工品	528	0.16	0.9900262
炼焦产品	15	0.19	0.9895751
开采辅助服务和其他采矿产品	1726	0.15	0.9888536
饮料和精制茶加工品	273	0.24	0.9844535
耐火材料制品	1985	1.23	0.9822192
黑色金属矿采选产品	2598	0.56	0.9812198
住宿	868	0.61	0.9617803
糖及糖制品	17	0.19	0.9573308
保险	1532	0.07	0.9548378
其他服务	229	0.73	0.9326777
谷物磨制品	299	0.33	0.9269593
水上运输	598	0.20	0.9200455
卫生	520	0.16	0.9086943
科技推广和应用服务	145	0.43	0.8976647
新闻和出版	169	0.46	0.8953626
煤炭采选产品	808	0.27	0.8905905

续表 4-9

行业名称	税收优惠金额/万元	户数占比/%	影响力系数
道路运输	7843	0.53	0.8778963
酒精和酒	512	0.22	0.8762771
水产加工品	3608	1.44	0.8645690
软件和信息技术服务	1963	1.65	0.8637948
餐饮	456	0.68	0.8607246
专业技术服务	448	0.33	0.8544428
生态保护和环境治理	65	0.08	0.8443073
畜牧产品	3116	1.42	0.8418916
商务服务	2752	1.50	0.8265614
租赁	1865	0.20	0.8264248
公共设施管理	143	0.33	0.8131180
铁路运输	75	0.08	0.8083736
公共管理和社会组织	23	0.27	0.8005099
娱乐	584	0.33	0.7936840
居民服务	102	0.18	0.7832118
电信和其他信息传输服务	684	0.07	0.7736868
广播、电视、电影和影视录音制作	235	0.47	0.7642313
石油和天然气开采产品	956	0.08	0.7417350
货币金融和其他金融服务	5920	0.20	0.7234884
水利管理	123	0.07	0.7160192
农、林、牧、渔服务	8570	1.75	0.7089769
烟草制品	0	0.07	0.7034315
体育	1365	1.92	0.6925780
农产品	4541	1.60	0.6909834
林产品	2048	1.46	0.6771438
资本市场服务	159	0.14	0.6755268

续表 4-9

行业名称	税收优惠金额/万元	户数占比/%	影响力系数
社会工作	26	0. 34	0. 6678101
渔产品	4227	1. 49	0. 6401083
批发和零售	51257	15. 31	0. 6340217
教育	331	0. 56	0. 5707320
文化艺术	698	0. 88	0. 5695146
房地产	993	0. 33	0. 5557263
社会保障	36	0. 42	0. 4950056
废弃资源和废旧材料回收加工品	282	0. 27	0. 4464925

139 个部门中，85 个影响力系数大于 1 ，表明这些部门向后关联程度较高，对其他部门的拉动作用较大。85 个部门税收优惠额 20. 9 亿元，占全部减免部门的 63. 3%，但由于其中电力、热力的生产和供应业、船舶及相关装置、基础化学原料和水的生产和供应业等四个行业税收优惠额较为集中（共减免 7. 5 亿元），若剔除上述四部门，其余 81 个部门税收优惠额 13. 4 亿元，税收优惠额仅占全部减免部门的 40. 4%，相比影响力系数小于 1 的 54 个部门，户均税收优惠额低 8. 8%，显示对向后关联度较高的部门减免力度并不显著。

4. 2. 3. 2 前向关联度分析

前向关联度分析是观察其他国民经济部门对税收优惠部门的拉动作用。某一税收优惠部门的前向关联度越低，其他部门对它的影响越小，税收减免对其他部门的刺激作用传递到该部门的效用就越差。理论上讲，如果要通过税收减免促进这些部门的发展，应该给予更多的直接减免。

从投入产出的角度，主要运用感应度系数来体现部门的产业前向关联度。感应度系数是当国民经济各部门均增加一个单位的最终使用时，某一个部门因此而受到的需求感应程度，也就是需要该部门为其他部门的生产而提供的产出量，它是从列昂惕夫逆矩阵行的角度展开的分析。其公式为：

$$E_i = \frac{\frac{1}{n}\sum_{j=1}^{n}\bar{b}_{ij}}{\frac{1}{n^2}\sum_{i=1}^{n}\sum_{j=1}^{n}\bar{b}_{ij}} \quad (i,\ j = 1,\ 2,\ \cdots,\ n) \tag{4-7}$$

利用 2012 年辽宁省投入产出表，加工出全部税收优惠部门的感应度系数，见表 4-10。

表 4-10 2014 年感应度系数部门税收优惠情况

行业名称	税收优惠金额/万元	户数占比/%	感应度系数
社会工作	26	0. 34	0. 325856659
社会保障	36	0. 42	0. 326885409
体育	1365	1. 92	0. 347877624
公共设施管理	143	0. 33	0. 354648254
软件和信息技术服务	1963	1. 65	0. 35724125
生态保护和环境治理	65	0. 08	0. 367472403
文化艺术	698	0. 88	0. 367862728
新闻和出版	169	0. 46	0. 370989902
广播、电视、电影和影视录音制作	235	0. 47	0. 373493583
陶瓷制品	90	0. 26	0. 376649956
公共管理和社会组织	23	0. 27	0. 385845376
管道运输	0	0. 07	0. 396572498
水利管理	123	0. 07	0. 399440678
视听设备	3675	0. 14	0. 403129105
广播电视设备和雷达及配套设备	84	0. 09	0. 404890441
农、林、牧、渔专用机械	776	0. 61	0. 409111962
居民服务	102	0. 18	0. 415461305
船舶及相关装置	20766	0. 64	0. 41700979
家用器具	375	0. 22	0. 417588302
燃气生产和供应	1712	0. 15	0. 421217418
糖及糖制品	17	0. 19	0. 422610826
物料搬运设备	1335	0. 20	0. 425475826
研究和试验发展	400	0. 14	0. 430260429
乳制品	47	0. 08	0. 43361171
调味品、发酵制品	533	0. 42	0. 435159287

续表 4-10

行业名称	税收优惠金额/万元	户数占比/%	感应度系数
农、林、牧、渔服务	8570	1.75	0.439316838
鞋	118	0.18	0.440403216
针织或钩针编织及其制品	139	0.34	0.447646715
烟草制品	0	0.07	0.449330956
石膏、水泥制品及类似制品	1414	0.27	0.452258353
科技推广和应用服务	145	0.43	0.45600619
电池	234	0.11	0.458369755
开采辅助服务和其他采矿产品	1726	0.15	0.471108791
水的生产和供应	16545	0.26	0.472360227
化工、木材、非金属加工专用设备	485	0.42	0.476249102
通信设备	769	0.19	0.477870228
其他食品	233	0.34	0.479800656
铁路运输和城市轨道交通设备	1086	0.28	0.481644724
租赁	1865	0.20	0.483110364
文化、办公用机械	5018	3.04	0.500722341
其他制造产品	1005	2.82	0.511208945
家具	735	0.94	0.511891484
饮料和精制茶加工品	273	0.24	0.513465804
其他电子设备	48	0.50	0.513920245
邮政	88	0.07	0.518750059
毛纺织及染整精加工品	109	0.28	0.523487963
房屋建筑	363	0.07	0.528862035
土木工程建筑	53	0.09	0.528934743
日用化学产品	374	0.34	0.529809584
其他交通运输设备	721	0.16	0.53515162
麻、丝绢纺织及加工品	142	0.24	0.547622539

续表 4-10

行业名称	税收优惠金额/万元	户数占比/%	感应度系数
农药	630	0. 14	0. 55144214
其他电气机械和器材	923	0. 42	0. 565473746
酒精和酒	512	0. 22	0. 565746036
石墨及其他非金属矿物制品	1989	0. 64	0. 565781624
资本市场服务	159	0. 14	0. 566902951
水产加工品	3608	1. 44	0. 574497837
金属加工机械	1430	1. 25	0. 575819247
耐火材料制品	1985	1. 23	0. 576127812
铁合金产品	303	0. 20	0. 580210052
蔬菜、水果、坚果和其他农副食品加工品	1487	0. 95	0. 588159346
砖瓦、石材等建筑材料	179	0. 28	0. 588544207
卫生	520	0. 16	0. 596388134
文教、工美、体育和娱乐用品	313	0. 47	0. 604214477
水泥、石灰和石膏	2150	0. 53	0. 649336906
方便食品	179	0. 18	0. 666514004
金属制品、机械和设备修理服务	619	0. 42	0. 684797682
娱乐	584	0. 33	0. 700115821
专业技术服务	448	0. 33	0. 701048992
教育	331	0. 56	0. 705189044
电机	1095	0. 26	0. 705540012
其他专用设备	2491	0. 96	0. 708805943
锅炉及原动设备	808	0. 24	0. 71182503
航空运输	3571	0. 11	0. 717253475
谷物磨制品	299	0. 33	0. 727987974
玻璃和玻璃制品	1640	0. 31	0. 728920952
医药制品	806	0. 49	0. 751541256

续表 4-10

行业名称	税收优惠金额/万元	户数占比/%	感应度系数
住宿	868	0.61	0.752991296
纺织服装服饰	1653	3.85	0.757220633
纺织制成品	382	0.27	0.773963949
林产品	2048	1.46	0.795741338
建筑装饰和其他建筑服务	189	0.12	0.79583894
皮革、毛皮、羽毛及其制品	727	0.35	0.796256227
植物油加工品	528	0.16	0.807385741
装卸搬运和运输代理	524	0.24	0.808478654
泵、阀门、压缩机及类似机械	4853	3.37	0.809254877
屠宰及肉类加工品	720	0.23	0.829641446
电信和其他信息传输服务	684	0.07	0.83404791
采矿、冶金、建筑专用设备	9114	0.98	0.840294402
建筑安装	57	0.19	0.843074903
仓储	1201	0.73	0.858115458
橡胶制品	2036	1.31	0.867736765
计算机	835	0.12	0.885390756
炼焦产品	15	0.19	0.88693394
肥料	659	0.14	0.894560433
化学纤维制品	85	0.18	0.895528609
输配电及控制设备	6522	0.92	0.908004125
渔产品	4227	1.49	0.919891326
废弃资源和废旧材料回收加工品	282	0.27	0.935842379
印刷品和记录媒介复制品	189	0.43	0.93985577
保险	1532	0.07	0.94019628
饲料加工品	120	0.24	0.948984281
水上运输	598	0.20	0.96022509

续表 4-10

行业名称	税收优惠金额/万元	户数占比/%	感应度系数
其他服务	229	0.73	0.981912547
仪器仪表	2541	0.98	1.003789196
涂料、油墨、颜料及类似产品	185	0.43	1.035564
铁路运输	75	0.08	1.060175984
汽车整车	2259	0.24	1.069861728
电线、电缆、光缆及电工器材	1383	0.53	1.093798359
木材加工品和木、竹、藤、棕、草制品	1930	1.59	1.214563171
房地产	993	0.33	1.308475044
非金属矿采选产品	376	0.24	1.412492804
餐饮	456	0.68	1.450744487
有色金属矿采选产品	1479	0.16	1.477732429
棉、化纤纺织及印染精加工品	1290	0.27	1.663896458
汽车零部件及配件	2805	1.61	1.774302226
有色金属压延加工品	1195	0.77	1.812824239
商务服务	2752	1.50	1.889433332
钢、铁及其铸件	6567	0.88	1.919470848
合成材料	155	0.33	1.971586555
专用化学产品和炸药、火工、焰火产品	3349	1.11	2.027039654
畜牧产品	3116	1.42	2.122581497
塑料制品	2406	1.75	2.264041348
造纸和纸制品	813	1.02	2.288942255
货币金融和其他金融服务	5920	0.20	2.382425603
有色金属及其合金和铸件	1209	0.66	2.494508769
电子元器件	5821	0.84	2.515286146
道路运输	7843	0.53	2.536731709
金属制品	8253	2.89	2.577347847

续表 4-10

行业名称	税收优惠金额/万元	户数占比/%	感应度系数
黑色金属矿采选产品	2598	0. 56	2. 742479326
煤炭采选产品	808	0. 27	2. 893069052
其他通用设备	6315	2. 78	2. 898389049
农产品	4541	1. 60	3. 334211329
基础化学原料	23949	0. 77	3. 342820481
石油和天然气开采产品	956	0. 08	3. 474001742
批发和零售	51257	15. 31	3. 750676655
钢压延产品	8583	0. 91	3. 980487742
精炼石油和核燃料加工品	5619	0. 24	4. 490223295
电力、热力生产和供应	14173	0. 87	4. 703806669

139 个部门中，104 个感应度系数小于 1，表明这些部门前向关联程度较低，其他部门对它们的拉动作用较小。104 个部门税收优惠额为 14. 7 亿元，占全部减免部门的 44. 4%，减免户数占全部减免部门的 55. 6%，户均税收优惠额比感应度系数大于 1 的 34 个行业低 36. 1%，显示对这些部门的减免力度偏低。

104 个部门中，社会工作、社会保障、公共设施管理、软件和信息技术服务、生态保护和环境治理、文化、体育、新闻等需要大力发展的部门，感应度系数均在 0. 4 以下，其他关系民生和符合产业发展导向部门的感应度系数也在 0. 5~0. 8 之间，这些部门的税收减免效应大多来自直接减免，通过间接减免的方式促进其发展效果不明显。

4. 2. 3. 3　结论

综合产业关联度分析的结果来看，由于目前我国对中小企业的税收优惠在产业间基本实行无差别减免[1]，未能充分考虑产业波及效应，对处于产业链不同位置、在国民经济中作用各异的行业、部门没有明显的针对性。这样使得税收减免一方面缺乏对中小企业的政策产业导向，另一方面也没能充分发挥税收的杠杆作用，影响了税收支出效用的最大化。

---

[1] 《企业所得税法》对创业投资企业的税收减免具有间接优惠中小高新技术企业的政策指向性，此处需要加以说明。

4.2.4 中小企业税收优惠对就业的影响分析

观察税收优惠对就业的影响，主要是看由于税收优惠而新增产值的就业效应。投入产出就业效应是通过衡量国民经济系统每新增一个 j 行业货币单位的产出作为最终使用，与之对应需要国民经济各个行业分别增加的产出 C_{ij} 之和所带来的劳动力增量来体现的。其中既包含了新增产出的部门的直接就业效应，也包含对其他部门拉动的间接就业效应。本节详述其测算过程。

4.2.4.1 测算各行业的产出乘数

产出乘数是指增加一个货币单位 j 行业的最终使用所带动的各行业产出之和。与完全消耗系数类似，它体现每新增一个单位 j 行业的最终使用，导致整个国民经济产出规模的扩大。显然，一个行业部门的产出乘数越大，则该行业部门带动经济的能力越强。

产出乘数的公式为：

$$E = \sum_{j=1}^{n} C_{ij} \tag{4-8}$$

式中，C_{ij} 为列昂惕夫逆矩阵中的列元素。

4.2.4.2 测算各行业的劳动力投入系数

各行业的劳动力投入系数计算公式为：

$$a_{ij} = \frac{L_i}{X_i} \tag{4-9}$$

式中，a_{ij} 为劳动力投入系数；L_i 为 i 行业的就业人数；X_i 为 i 行业的总产出（或主营业务收入净额）。

可利用税源调查数据库中的各行业平均就业人数及主营业务收入[1]计算出各行业的劳动力投入系数。

4.2.4.3 测算税收优惠对各行业的就业效应

就业效应的计算公式为：

$$L_j = \sum a_{ij} \times \Delta X_j \times C_{ij} \tag{4-10}$$

式中，L_j 为就业效应；ΔX_j 为第 j 部门因税收优惠带来的新增产出。

根据测算得出各行业的税收优惠就业效应排位前 20 位的行业见表 4-11。

---

[1] 由于目前各项公开统计资料中没有分行业的就业人数，故采用税源调查数据库样本的行业数据加以替代。

4.2.4.4 结论

从本节分析来看，税收优惠对促进就业具有积极的作用。2014年中小企业税收优惠33.1亿元，新创造就业机会3.6万人，平均每1万元税收减免创造就业机会0.11人。

表4-11 2014年中小企业税收优惠就业效应分行业略表

行业部门	总就业效应/人	排位	行业部门	单位减免就业效应/人·万元$^{-1}$	排位
139行业合计	35698		139行业合计	0.11	
批发和零售	8696	1	研究和试验发展	0.87	1
商务服务	2331	2	商务服务	0.85	2
钢压延产品	2026	3	废弃资源和废旧材料回收加工品	0.61	3
水的生产和供应	1958	4	科技推广和应用服务	0.52	4
金属制品	1663	5	砖瓦、石材等建筑材料	0.44	5
其他通用设备	1182	6	其他电子设备	0.42	6
钢、铁及其铸件	1164	7	娱乐	0.39	7
道路运输	1123	8	陶瓷制品	0.38	8
电子元器件	1012	9	房屋建筑	0.37	9
农、林、牧、渔服务	733	10	金属制品、机械和设备修理服务	0.37	10
仪器仪表	699	11	铁路运输	0.37	11
基础化学原料	577	12	土木工程建筑	0.36	12
货币金融和其他金融服务	550	13	方便食品	0.33	13
水产加工品	463	14	社会保障	0.31	14
保险	451	15	餐饮	0.30	15
电力、热力生产和供应	447	16	保险	0.29	16
泵、阀门、压缩机及类似机械	430	17	生态保护和环境治理	0.29	17
专用化学产品和炸药、火工、焰火产品	402	18	仪器仪表	0.28	18
研究和试验发展	349	19	新闻和出版	0.27	19
其他专用设备	317	20	钢压延产品	0.24	20
⋮	⋮	⋮	⋮	⋮	⋮

分行业部门来看，税收优惠总就业效应靠前的是批发零售、商务服务、钢压延产品、水的生产和供应、金属制品、通用设备、钢铁及其铸件、道路运输和电子元器件，9行业合计新增就业人数2.1万人，占全部新增就业人数的59.3%，

主要是受税收优惠流向、行业的产出乘数和劳动力投入系数影响。

单位减免就业效应靠前的是研究和试验发展、商务服务、废弃资源和废旧材料回收加工品、科技推广和应用服务等15个行业，15个行业每万元就业人数均在0.3人之上，主要是受行业的产出乘数和劳动力投入系数影响。

4.3 中小企业税收优惠政策效应评价

分析结果显示，2011~2014年间，中小企业税收优惠政策的效应是积极显著的。享受税收优惠政策户数、税收优惠政策总额、占全部税收优惠政策比例逐年提升，提高起征点、降低征收率、小型微利企业优惠等政策极大减轻了中小企业税负，支持创业投资企业的税收优惠拓展了针对中小企业的融资平台，对整个中小企业发展起到了积极的助推作用。从计量分析的结果看，中小企业税收优惠政策对经济拉动作用明显，对就业促进作用明显。

4.3.1 对经济拉动作用明显

目前，大企业和小企业对于我国经济的发展起着主要的作用。2012年，在全国企业中，小微企业占据了大多数，达到了33800多户，而中大型企业很少，只有9户；2013年统计数据中大型企业有71户，中小微企业约43800户。在相关数据计算下可得出大企业所占比例很小，约占1%，而小企业却数量庞大，所占比例很高，大约占99.8%。虽然小微企业在规模上相对于大众企业来说较小，但其为社会提供了大部分的就业机会，在科技创新方面创造了很多科技成果，在税收方面，小微企业每年缴纳的税额在税收总额中占据了不小的比例，在我国国民生产总值中所占比例也不断增加，为我国的经济增长带来巨大的拉动作用。

在辽宁省所有企业中，大部分都是小企业，总数超过了二百多万户。全省超过1100万人在中小企业就业，占据全省就业人数的76%，其中，中小企业提供了大部分新增就业岗位，占据的比例是85%；中小企业上缴税金额占全省税收的42%，完成固定资产投资占全省固定资产投资的50%，中小企业已经成为辽宁省经济和社会发展的重要力量。2013年年末，辽宁省共有小微企业法人单位31.5万个，占全部企业法人单位95.5%；小微企业法人单位从业人员541.5万人，占全部企业法人单位从业人员的51.4%，小微企业法人单位资产总计44547.2亿元，占全部企业法人单位资产总计28.5%（见表4-12）。

2011~2014年辽宁省落实各项中小企业税收优惠89.6亿元；分国地税看，国税系统落实79.3亿元，占全部的88.5%，地税系统落实10.3亿元，占全部的11.5%；分年度看，2014年较2011年增加15.9亿元，年均增长24.5%，占全部企业享受税收优惠数额的比例由10.4%上升到15%，上升4.6个百分点。很明显，中小企业的发展逐渐成为辽宁省不断发展的动力，税收优惠政策对于拉动中小企业发展的作用是比较显著的。

通过相关数据可知，辽宁省中小企业已经成为辽宁经济和社会发展的主要推动力量。国家出台的税收优惠政策对辽宁省的经济效应也是非常明显的。

表 4-12　按行业分组小微企业法人单位、从业人员和资产总计

行　业	小微企业法人单位/个	从业人员/人	资产总计/亿元
工业	87965	2727231	17467. 6
建筑业	18434	867394	1822. 5
交通运输业	9983	170397	1100. 7
仓储业	1161	14412	494. 5
邮政业	401	4510	14. 1
信息传输业	1294	10505	395. 5
软件和信息技术服务业	6815	60787	437. 5
批发业	79620	505952	4225. 3
零售业	34326	218928	1102. 9
住宿业	2620	45157	180. 4
餐饮业	3603	57880	141. 9
房地产开发经营	4724	67880	9353. 4
物业管理	5094	103322	381. 4
租赁和商务服务业	28919	313473	5327. 7
其他未列明行业	28370	229897	2049. 9
合计	315048	5414946	44547. 2

注：数据来源于辽宁信息统计网。

4.3.2　对就业促进作用明显

中小企业数量多、规模小，所以进出门槛较低，而且中小企业多数为劳动密集型和资源加工型企业，因对从业人员的素质和劳动技能要求相对不高，故而可创造较多的就业机会。税收优惠政策的实施所带来的直接影响往往会降低企业雇用劳动力的成本，企业进而增加对劳动的需求，扩大就业，增加了就业机会。

根据测算，2014 年中小企业税收优惠政策新创造就业机会 3. 6 万人，平均每 1 万元税收减免创造就业机会 0. 11 人。税收优惠政策对批发和零售业影响最大，创造的 3. 6 万就业人数中，批发和零售业有 8696 人，占比 25%，批发和零售业也是小微企业，所以对其影响最大。近几年来，全国高校毕业生人数正在逐年增加，在 2015 年已经达到了 749 万多人，未来几年，高校毕业的人数还会增加，强大的就业人数对经济的发展产生了巨大的压力。政府部门通过出台相关的税收优惠政策，促进了省内经济的快速发展，形成了一大批规模企业，在过去的几年里，小微企业吸纳了很多高校毕业生，促进了省内高校毕业生的就业问题。同时，大批高校毕业生进入小微企业，提高了整体的文化素质水平，给企业注入了活力，提高了企业的竞争力。此外，相关的税收优惠政策对于第二产业和第三产业的刺激作用比较明显，随着税收减免的不断增加，有效地促进了特殊群体就业；通过出台税收优惠政策，对于安置下岗工人、残疾人、退伍军人等特殊人群的企业给予一定的税收减免，比如对安置残疾人员的福利企业增值税实施即征即退，发给残疾人的工资在计算企业所得税时可以加计扣除，增加了这些特殊人群的收入，提高了收入水平，通过税收优惠政策来调节特殊群体的收入水平，实现社会公平。

5 减税降费对装备制造业的影响分析

5.1 我国装备制造业发展概况及税负情况

5.1.1 装备制造业的内涵及国家政策导向

我国在1998年的中央经济工作会议首次明确提出“要大力发展装备制造业”。装备制造业是制造业的核心组成部分，主要是指资本品制造，是为满足国民经济各部门发展和国家安全需要而制造各种技术装备的产业总称。装备制造业包括金属制品业，通用设备制造业，专用设备制造业，交通运输设备制造业，电气机械及器材制造业，电子及通信设备制造业，仪器仪表及文化、办公用机械制造业七大类。我国政府高度重视装备制造业，不断出台相关政策以推动装备制造业的发展，提升其整体水平和国际竞争力。表5-1是对我国支持和促进装备制造业的相关政策的汇总。

表5-1 我国支持和促进装备制造业的相关政策汇总

序号	文件名称	内容概括或作用
1	十六大“新型工业化道路”	1. 提出新型工业化道路。 2. 用高新技术和先进适用技术改造传统产业，大力振兴装备制造业
2	国家发改委《我国装备制造业的现状、主要问题与发展对策》	该文件指出：由于自主开发能力低，企业规模小，研究开发能力薄弱，致使高新技术装备和重大技术装备在很大程度上还要借助引进外国的技术。 在此背景下，中央政府开始出台了一揽子的政策与推进规划
3	《中共中央关于制定国民经济和社会发展第十一个五年规划的建议》	把振兴装备制造业提升到国家战略的高度，把它作为推进产业机构优化升级的重大举措，并对企业和政府提供了明确的建设思路
4	《国务院关于加快振兴装备制造业的若干意见》	明确了振兴装备制造业的目标、原则、任务和政策，是指导我国装备制造业加快发展的重要文件
5	《关于落实国务院加快振兴装备制造业的若干意见有关进口税收政策的通知》	文件的出台以及后续的相关政策，对于装备制造业企业税收优惠、提高我国企业的核心竞争力和自主创新能力有很大的促进作用

续表 5-1

序号	文件名称	内容概括或作用
6	《装备制造业调整和振兴规划》	装备制造业产业调整和振兴的主要任务：依托十大领域重点工程，振兴装备制造业；抓住九大产业重点项目，实施装备自主化；提升四大配套产品制造业水平，夯实产业发展基础；推进七项重点工作，转变产业发展方式
7	国务院关于加快培育和发展战略性新兴产业的决定	在所涉及的 7 大产业中，有 5 个产业属于高端装备制造业或者核心为高端装备制造
8	工信部《高端装备制造业“十二五”发展规划》	明确表示：到 2015 年，高端装备制造业销售收入超过 6 万亿元，在装备制造业中的占比提高到 15%；到 2020 年，高端装备制造产业销售收入在装备制造业中的占比提高到 25%，将高端装备制造业培育成为国民经济的支柱产业

5.1.2　装备制造业发展概况

经过多年发展，我国装备制造业已经形成门类齐全、规模较大、具有一定工业技术水平的产业体系，成为国民经济的重要支柱产业。我国装备工业销售额 2009 年已经跃居世界第一，2010 年我国制造业产值高达 1. 955 万亿美元，在全球制造业总产值中所占的比例为 19. 8%，相比之下，美国 2010 年制造业产值为 1. 952 万亿美元，占比 19. 4%，我国已经成为装备制造业大国。

以下从我国装备制造业自身发展和国际比较两个方面来分析其发展现状。

5. 1. 2. 1　我国装备制造业的发展现状

装备制造行业的工业总产值是行业发展情况的最直观的体现。图 5-1 给出了我国装备制造业产值情况，近 5 年来我国的装备制造业产值稳步增长，工业总产值从 2007 年的 405177. 13 亿元，增长到 2011 年的 844268. 79 亿元，年平均增长

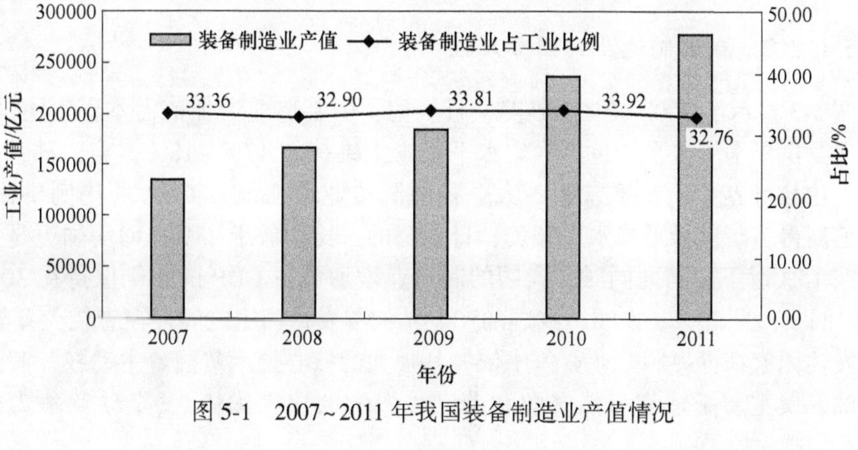

图 5-1　2007~2011 年我国装备制造业产值情况

率达到 20. 15%。而装备制造业产值占工业总产值的比例比较稳定，保持在 33% 左右，略有浮动。

图 5-2 给出了 2011 年我国装备制造业子行业产值，其中电子及通信设备制造业和交通运输设备制造业的工业产值数额最大，分别为 63795. 65 亿元和 63251. 30 亿元，占装备行业的比例分别达到 23. 06%和 22. 87%。电气机械、通用设备、专用设备、金属制品、仪器仪表各行业的占比分别为 18. 59%、14. 82%、9. 45%、8. 44%、2. 76%。

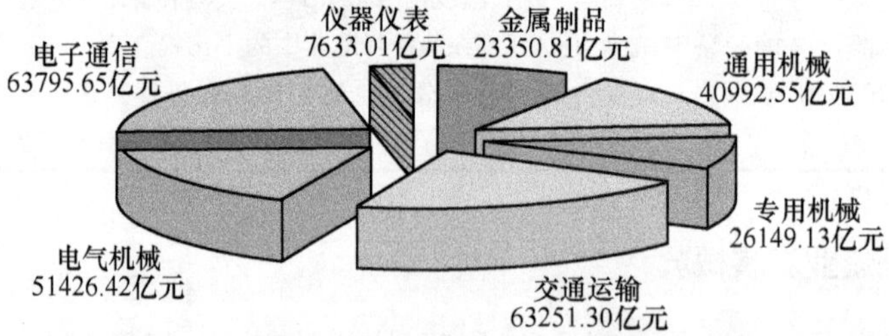

图 5-2　2011 年我国装备制造业子行业产值情况

装备制造业是发展国民经济的基础，它不仅是为国民经济各行业提供技术装备的战略性产业，更是各行业产业升级、技术进步的重要保障和国家综合实力的集中体现。为了发展装备制造业，推动国民经济的发展。中央政府出台了一系列的政策和推进规划。在国家政策的支持下，“十一五”时期，我国工业经济实力显著增强。2009 年我国制造业在全球制造业总值中所占比例高达 15. 6%，成为仅次于美国的全球第二大工业制造国。2010 年，我国制造业在全球制造业总值中所占比例高达 19. 8%，美国为 19. 4%，我国首次超越美国成为全球第一大工业制造国。同年，我国国内生产总值超过日本，跃升为世界第二大经济体。毫无疑问，占我国国民经济 40%份额的工业，为我国在世界经济中地位的不断前移起到了巨大推动作用。

5. 1. 2. 2　我国制造业的国际比较

图 5-3 显示了 2002~2008 年美、日、德、中制造业增加值占本国 GDP 的比例，以及世界平均水平。世界平均水平基本上维持在 17%~18%，美、日、德三国的占比与世界平均水平差距不大，我国制造业增加值占 GDP 的比例要比美、日、德高得多。世界平均水平和美、日、德的占比均低于 25%，而美国更是始终维持在 15%以下，与此同时，我国的制造业增加值占 GDP 的比例保持在 30%到 35%之间。由此进一步说明，我国的产业结构与发达国家之间存在着较大差异。

发达国家在世界制造业竞争中依靠其强大的核心技术掌握着主动权，我国制造业的发展主要是依靠自然资源和劳动力资源的比较优势，《全球竞争力报告

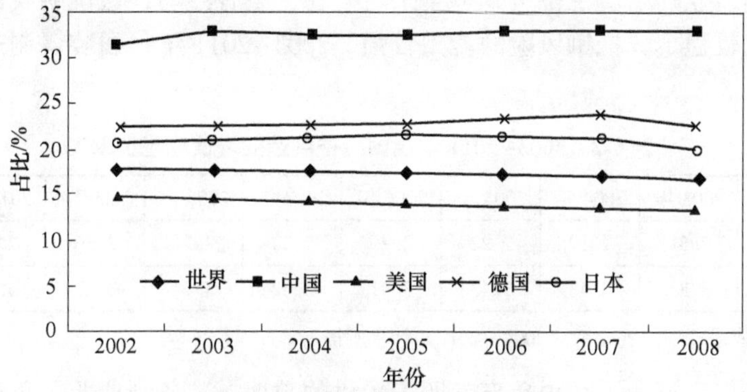

图 5-3　世界主要国家制造业增加值占 GDP 比例

2012—2013》中我国的全球竞争力排名为第 29 名，其中的分类指标中效率指标排名为第 30 名，创新与成熟度指标排名为第 34 名。而在世界银行发布的《世界主要国家和地区知识经济指数排名（2012）》中，我国排名为第 84 名，经济激励机制、创新、教育、信息和通信技术等各方面远远落后于发达国家。所以我们不能仅仅关注制造业产值的快速增长，更要分析推动其增长的动力，要依靠科技进步与创新，通过掌握核心技术来真正做强做大我国的制造业。

5.1.3　装备制造业税负情况

行业税负体现的是某个具体行业的税负水平。一般而言，考察行业税负情况主要是看行业的增值税行业税负率和企业所得税行业税负率。

5. 1. 3. 1　装备制造业的增值税税负率情况

增值税税收负担率简称为税负率，是指增税应纳税额与应税主营业务收入的比值。税负率体现了增值税纳税人的实际税收负担，体现了应纳税额与应税主营业务收入之间的配比关系，即

增值税税负率 = 应纳增值税税额 ÷ 应税主营业务收入 × 100%

行业的增值税税负率并不是越低越好，要把具体行业的实际税负率与预警值对比进行分析。各行业设置有不同的预警值，也就是行业参照税负，并允许在参照税负的限制范围内浮动。如果行业的增值税税负率过低，说明应纳增值税额过少，相应的应税主营业务收入过多，可能存在进项税额抵扣不规范等问题；如果税负率过高，则说明可能存在少计应税主营业务收入的问题。

装备制造业的发展一直受到国家的重视和支持，在税收政策上也获得了税收优惠，增值税税负率低于工业的平均水平，与其他工业领域相比，增值税税收负担较低，在一定程度上这也受益于增值税转型首先在装备制造业开展的试点安

排。装备制造业的增值税税负率多年来较平稳，略有浮动，这说明我国装备制造业的发展比较稳定，抵御风险的能力较强。2003~2011 年我国装备制造业增值税税负率见表 5-2。

表 5-2　2003~2011 年我国装备制造业增值税税负率　　（%）

行业	2003 年	2004 年	2005 年	2006 年	2007 年	2008 年	2009 年	2010 年	2011 年
装备制造业	2.59	2.19	2.22	2.26	2.24	2.54	2.56	2.64	2.58
工业	3.83	3.48	3.43	3.41	3.42	3.54	3.22	3.22	3.12

注：数据依据《中国统计年鉴 2004—2012》计算所得。

依据增值税行业平均税负率参照表提供的数据，装备制造业子行业的参考税负率：金属制品业为 2.20%，通用设备、专用设备、交通运输设备和电气机械及器材均为 3.70%，电子通信设备为 2.65%。由图 5-4 看出，装备制造业子行业的增值税税负率也较为稳定，其浮动属于参考税负率范围内。在 2009 年之后，子行业之间的税负率之间的差距呈缩小趋势，到 2011 年各子行业的税负率差异明显降低，这有利于行业的平稳发展。

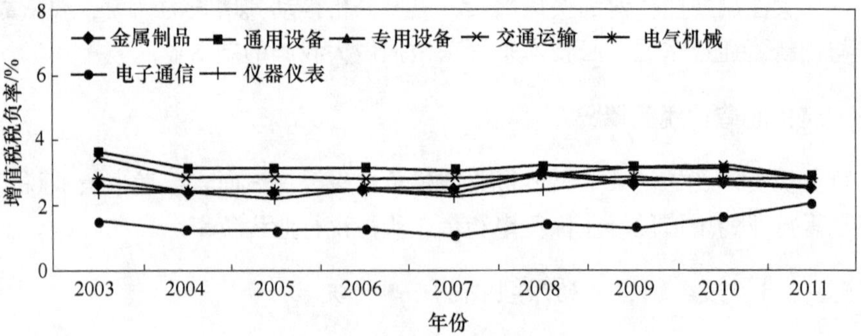

图 5-4　2003~2011 年装备制造业子行业增值税税负率

5.1.3.2　装备制造业的企业所得税税负率情况

企业所得税税负率反映的是企业应纳所得税收入与利润总额之间的关系。税负率过高会影响企业投资的积极性，不利于产业的长期发展；税负率过低，会影响国家的财政收支平衡。所以要综合考虑各种因素，在合理的范围内，减轻企业的所得税负担，刺激企业生产和投资的积极性，企业所得税税负率计算方式为：

$$企业所得税税负率 = 应纳企业所得税税额 \div 利润总额 \times 100\%$$

在国家政策的扶持下，我国装备制造业的所得税税负率低于工业行业的平均水平，在 2008 年我国实施新所得税法后，二者之间的差距呈缩小趋势，总体上而言，工业行业的总体税负率呈降低趋势，企业负担减轻，将会刺激投资，促进工业行业的持续发展（见表 5-3）。

表 5-3 2003~2011 年装备制造业所得税税负率 (%)

行业	2003 年	2004 年	2005 年	2006 年	2007 年	2008 年	2009 年	2010 年	2011 年
装备制造业	14.52	15.03	15.05	14.67	13.47	13.27	13.26	12.81	13.22
工业	17.20	17.63	17.47	16.35	15.38	15.15	14.08	13.18	13.76

注：数据依据《中国统计年鉴 2004—2012》计算所得。

装备制造业各子行业的所得税税负率呈降低趋势，而且各子行业之间差距也在平稳减小（见图 5-5），行业税负率呈现趋同性。说明装备制造业内部的税负分配呈现更加公平，有利于提升行业的整体实力和竞争力。

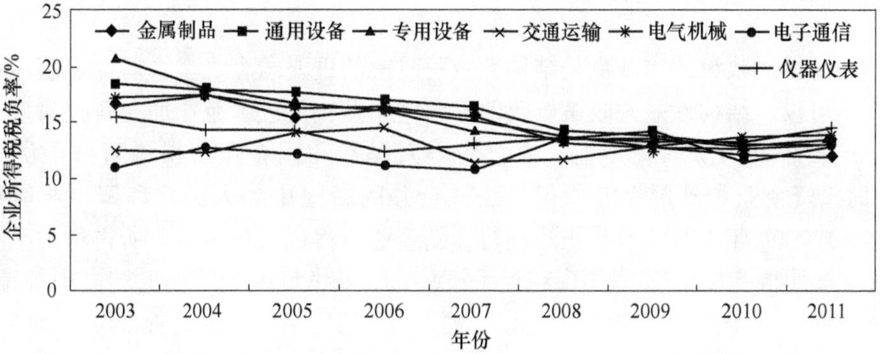

图 5-5 2003~2011 年装备制造业子行业所得税税负率

5.2 主体税种对装备制造业转型发展的效用分析

前述内容分析了我国装备制造业的发展情况及其税负情况。结构性减税政策实施以来，对于装备制造业的转型发展发挥了的积极作用，我国当前的结构性减税政策有继续推行的必要，同时也存在着较大的发展空间。本节将分析结构性减税主体税种对装备制造业转型发展的作用，鉴于行业特性，本节主要从对其影响较大的增值税和所得税两个方面进行分析。

5.2.1 增值税转型的作用

增值税转型改革是指生产型增值税转为消费型增值税，这是实行结构性减税的重要内容之一。从 2009 年 1 月 1 日起，允许生产类设备固定资产投资所产生的进项税额一次性全额抵扣，鼓励企业技术改造。生产型增值税 17%税收负担相当于消费型增值税 23%的税收负担，企业可以获得 6 个百分点的税收优惠，实际降低企业机器设备投资成本约 13.2%，对提高企业机器设备投资的积极性起到了较好的推动作用。有利于刺激企业投资，有利于促进企业技术进步、产业结构调整、加快产业的专业化分工，有利于经济增长方式转变。增值税的全面转型和深化改革，还有利于进一步完善税收体制，为社会主义市场经济的科学发展和可持续发展提供更为公平的税收环境。据统计，在 2009 年，将一般纳税人和小规模纳税人分别去除减税额后，通过增值税转型而实现的减税规模就达 1385 亿元，在当年 5666 亿元的减税总额中占到近 1/4。2011 年，我国规模以上金属制品、通用设备、专用设备、交通运输、电气机械、电子通信、仪器仪表等设备制造业分别实现国内增值税同比增长 11.58%、8.42%、16.17%、1.57%、12.69%、47.20%、16.98%，进一步体现了增值税转型对装备制造业的带动效应。在国际金融危机的大背景下，这项改革对于我国经济形成回升向好的势头发挥了积极的作用。

5.2.2　所得税政策的作用

新所得税政策的实施也是结构性减税政策的重要内容之一，对促进制造业发展功不可没。结构性减税政策鲜明的导向作用是，促进了企业加速科技研发，更新生产设备，淘汰落后产能。由《中华人民共和国企业所得税暂行条例》与《外商投资企业和外国企业所得税法》合并的新《中华人民共和国企业所得税法》，于 2008 年 1 月 1 日起正式施行。新企业所得税法规定企业所得税的税率为 25%，这使得基准税率下降了 8 个百分点，所得税负由中等偏上转向中等偏下。同时，对符合条件的小型微利企业，减按 20%的税率征收企业所得税。对国家需要重点扶持的高新技术企业，减按 15%的税率征收企业所得税。还有许多所得税方面的优惠政策，从鼓励技术创新、节能节水环保、安全生产、促进就业等方面支持装备制造业转型发展。

5.3　装备制造业子行业减税效应分析

5.3.1　工业主要行业实施结构性减税后的运行情况

工业行业的运行情况可以用工业增加值增长速度来衡量。工业增加值增长速度，即工业增长速度，是用来反映一定时期工业生产物量增减变动程度的指标。利用该指标，可以判断短期工业经济的运行走势，判断经济的景气程度，也是制定和调整经济政策、实施宏观调控的重要参考和依据。

由表 5-4 可知，2012 年，全国规模以上工业增加值同比增长 10%，其中轻工业增长 10.1%，重工业增长 9.9%。近年来我国的工业行业一直保持着比较高的增长速度。但是 2009 年和 2012 年的增长速度较上年有所下降，2009 年较上年数据相比，工业、重工业、轻工业的增长速度分别下降了 1.9 个百分点、2.6 个百分点和 1.7 个百分点，而 2012 年较上年分别下降了 3.9 个百分点、2.9 个百分点和 4.4 个百分点。工业经济增速放缓，主要是受国内外经济环境的影响。2008 年和 2011 年分别发生了全球性经济危机，世界经济环境恶化，同时国内需求不足，而经济的发展具有一定的滞后性，在多方面因素的影响下，工业行业在2009年和2012年的增速下降。国际经验表明，在席卷全球的金融危机中，建立在先进制造业基础上的经济具有更强的抵御风险的能力，具备强大的制造竞争水平，国家经济才更有可能保持稳定性。重工业的核心是装备制造业，经济危机后，2009年重工业增长速度下降幅度大于轻工业，说明装备制造业抵御风险的能力有待提高。2008年提出结构性减税政策，以积极的财政政策促进投资和消费，税收步调与经济平衡发展。2012年重工业增长速度下降幅度小于轻工业，这说明我国装备制造业抵御风险的能力在增强，竞争力在提高。所以我国的工业虽然受到经济危机的影响，但是仍然保持着较高的增长速度，减税在一定程度上起到了积极的作用。从我国目前的状况看，结构性减税在推动经济发展方面仍然存在着很大的发展空间。

表5-4 2008~2012年主要工业行业增加值增长速度（规模以上）

行业	工业行业增加值同比增长速度/%				
	2008年	2009年	2010年	2011年	2012年
工业	12.9	11.0	15.7	13.9	10.0
其中：轻工业	12.3	9.7	13.6	13.0	10.1
其中：重工业	13.2	11.5	16.5	14.3	9.9

注：数据来源于《2008~2012年规模以上工业生产运行情况》（中国统计局网站公布数据）。

由图5-6可知，2013年8月，规模以上工业增加值同比实际增长10.4%（扣除价格因素的实际增长率）。2013年1~8月，规模以上工业增加值同比增加9.5%。从图5-6可以看出，2012年8月到2013年8月期间，虽然各月份的增长率有波动，但是浮动范围维持在8.9%~10.4%。其中制造业2013年8月同比增长10.9%，2013年1~8月累计同比增长10.2%，均高于工业行业的平均水平。制造业内部的电气机械和器材制造业同比增长10.4%，计算机、通信和其他电子

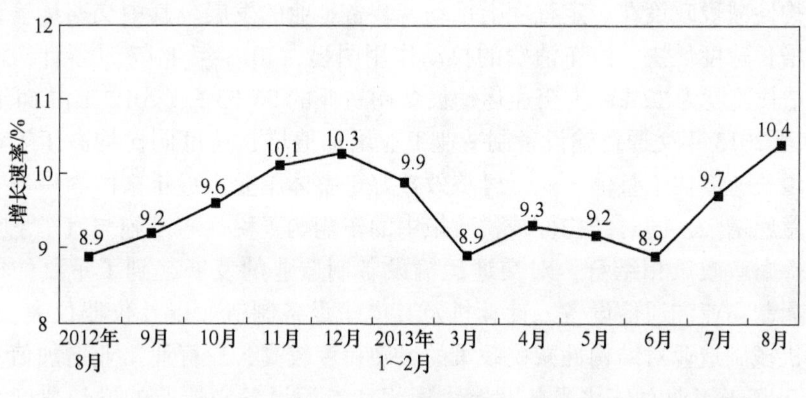

图5-6 2012年8月~2013年8月规模以上工业增加值同比增长速度

设备制造业同比增长11.1%。上述数据表明，我国装备工业抵御风险能力较强，而装备制造业的持续健康发展仍然需要国家的财政税收支持。

5.3.2 装备工业子行业实施结构性减税后的运行情况

从表5-5可知，我国工业行业增加值始终保持着10%以上的增长速度（2013年1月至7月累计为9.4%）。而装备制造业各子行业的增加值增长速度大体上都保持着高于工业行业总体的水平，个别年份及个别行业有所例外。2013年1~7月累计数据显示工业行业总体运行态势：规模以上工业增加值比2012年同期增长9.4%。装备制造业方面，金属制品业同比增长12.5%；通用、专用设备同比增长分别为9.2%和7.4%；交通运输设备制造业增长13.9%；电气机械及器材制造业和通信设备、计算机及其电子设备制造业以及仪器仪表及文化办公用机械制造业分别增长10%、11.2%和12.7%。

表5-5 2008~2013年装备制造业子行业运行情况（规模以上）

行业名称	工业增加值同比增长速度/%					
	2008年	2009年	2010年	2011年	2012年	2013年1~7月累计
工业行业总计	12.9	11.0	15.7	13.9	10.0	9.4
金属制品	15.0	10.0	19.0	17.8	12.2	12.5
通用设备	16.9	11.0	21.7	17.4	8.4	9.2
专业设备	20.5	13.0	20.6	19.8	8.9	7.4
交通运输	15.2	18.4	22.4	12.0	13.0	13.9
电气机械	18.1	12.0	18.7	14.5	9.7	10.0
通信设备	12.0	5.3	16.9	15.9	12.1	11.2
仪器仪表	12.7	2.0	19.6	16.3	12.6	12.7

注：数据来源于《2008~2011年度工业分大类行业增加值增长速度》（中国统计局网站公布数据）。

结构性减税政策在一定程度上推动着装备工业的发展。其中交通运输设备制造业的增长速度最快，汽车消费的拉动作用明显，2013年1~7月累计，汽车制造业的增长速度为12%，占交通运输设备制造业的86.33%（2012年占64.62%）。2008年至2013年交通运输设备制造业工业增加值增长速度同比均高于工业平均水平，增长速度快于整体工业，经济效益好于整体工业。近年来国内消费者对汽车购买意愿增强，同时结构性减税政策中的车辆购置税优惠措施与汽车下乡、农机补贴等财政政策相结合，对交通运输设备制造业的发展起到了重要的推动效果。金属制品业和通信设备、计算机及其电子设备制造业以及仪器仪表及文化、办公用机械制造业对结构性减税政策的灵敏程度较高，三行业工业增加值基本上一直处于高于工业总体水平的状态。通用和专用设备制造业的增长速度2008~

2010年高于平均水平，但近两年来的增长速度均低于平均水平，行业竞争激烈，增加值增速变慢，两行业受结构性减税政策效应也不够明显，说明结构性减税政策的行业针对性还有进一步完善的必要。尤其是在专用设备制造业在转型发展中具有重要的作用，应该受到充分的重视。

5.3.3　高技术装备行业实施结构性减税后的运行情况

国家发改委高技术产业司发布的《分行业高技术产业主要经济指标》中所列高技术产业主要涵盖信息化学品制造业、医药制造业、航空航天器制造、电子及通信设备制造业、电子计算机及办公设备制造业、医疗设备及仪器仪表制造业、公共软件服务和其他八部分。除了信息化学品制造业和医药制造业，其他各项均属于装备制造业范畴，本节仅对装备行业进行分析。

从表5-6和表5-7中2011年1~10月累计数据看，高技术产业工业增加值同比增长16.7%，高于规模以上工业总计增长2.60个百分点，但是高技术产业的总产值、工业销售产值、出口交货值、主营业务收入、利润总额五项指标的同比增长均低于全国规模以上工业合计的同比增长，分别低于5.36个百分点、5.43个百分点、2.30个百分点、7.20个百分点、16.54个百分点。这表明我国高新技术产业在整个工业领域内不占优势，科技创新能力不强，产业竞争力较弱。

表5-6　2011年1~10月分行业高技术产业主要经济指标（1）　（亿元）

名　称	总产值（当年价）		销售产值（当年价）		出口交货值	
	本月累计	增长/%	本月累计	增长/%	本月累计	增长/%
全国规模以上工业总计	693843.76	28.98	679309.98	28.95	83559.27	17.91
高技术产业合计	73783.90	23.62	71938.44	23.52	34615.55	15.61
航空航天器制造	1365.79	17.49	1310.79	15.69	238.78	69.23
电子及通信设备制造	35137.11	23.74	34334.51	23.61	18630.10	16.74
电子计算机及办公设备	18065.26	16.42	17831.18	16.15	13496.03	12.79
医疗设备及仪器仪表	5337.10	28.01	5165.49	27.54	1037.27	19.93

注：数据来源于2011年1~10月分行业高技术产业主要经济指标（国家发改委高技术产业司网站公布数据）。

表5-7　2011年1~10月分行业高技术产业主要经济指标（2）　（亿元）

名　称	主营业务收入		利润总额		增加值（当年价）	
	本月累计	增长/%	本月累计	增长/%	本月累计	增长/%
全国规模以上工业总计	608427.92	29.58	36834.02	26.97	13.2	14.1
高技术产业合计	63662.31	22.38	3015.47	10.43	15.2	16.7
航空航天器制造	1103.12	26.59	36.72	23.8	-0.2	11.6

续表 5-7

名　称	主营业务收入		利润总额		增加值（当年价）	
	本月累计	增长/%	本月累计	增长/%	本月累计	增长/%
电子及通信设备制造	30018.18	21.45	1070.96	-6.64	16.4	16.6
电子计算机及办公设备	16104.35	14.84	341.21	13.79	12.2	14.4
医疗设备及仪器仪表	4545	27.79	394.85	23.73	16.2	17.7

注：数据来源于 2011 年 1~10 月分行业高技术产业主要经济指标（国家发改委高技术产业司网站公布数据）。

我国扶持高新技术企业发展具有一系列的税收优惠措施，如国家需要重点扶持的高新技术企业，减按 15%的税率征收企业所得税。企业为开发新技术、新产品、新工艺发生的研究开发费用，未形成无形资产计入当期损益的，在按照规定据实扣除的基础上，按照研究开发费用的 50%加计扣除；形成无形资产的，按照无形资产成本的 150%摊销。为鼓励企业技术创新和技术进步，对技术转让所得实施优惠政策：一个纳税年度内，居民企业技术转让所得不超过 500 万元的部分，免征企业所得税；超过 500 万元的部分，减半征收企业所得税。对企业由于技术进步，产品更新换代较快的固定资产，以及常年处于强震动、高腐蚀状态的固定资产，可采取加速折旧方法等。但由于高新技术企业发展需要一个过程，因此，上述税收政策的鼓励也需要一个累积过程。医疗设备及仪器仪表行业的优势明显，其各项指标的同比增长率均高于高技术产业的平均增长率，总产值、工业销售产值、出口交货值、主营业务收入、利润总额和增加值的同比增长率分别高于高技术行业平均水平的 4.39 个百分点、4.02 个百分点、4.32 个百分点、5.41 个百分点、13.30 个百分点和 1.00 个百分点。说明该行业对税收优惠政策的效应明显。而航空航天器制造业、电子及通信设备制造业、电子计算机及办公设备制造业的有些指标的增长率低于行业平均水平，说明这些行业对税收优惠政策的效应不够明显。

5.4　结构性减税与装备制造业发展实证分析——以辽宁省为例

目前，我国装备制造产业已初步形成环渤海、长三角、东北、珠三角、中西部五大产业集聚区。其中东北老工业基地的转型升级任务最为紧迫。近年来，东北地区的装备制造业地位不断下降，如果不能提升活力，进行产业升级，东北地区的装备制造业地位将会继续下滑。东北地区的装备工业主要集中在辽宁省，而辽宁省同时又属于环渤海产业区，辽宁省是唯一一个同属于两个产业集聚区的省份，其重要性显而易见，其装备制造业的产业升级势在必行。结构性减税方面，其中一项重要内容就是增税转型改革，增值税转型试点首先在东北三省的装备制造业等八大行业进行，东北地区受结构性减税政策影响的时间更长，影响效果应该更明显。因此，从装备制造业和结构性减税两个方面综合考虑，本节选取辽宁省作为实证分析的对象。

辽宁省曾经是我国先行工业化地区，装备制造业基础雄厚，产业基础以重工业为主，工业化指数较高，一度为我国发展装备制造业提供了可靠的依托。辽宁省是国家从“一五”时期开始重点扶持建设的装备制造业科研生产基地，也是我国重要的军事装备科研生产基地。改革开放以后，辽宁省的装备制造业体系不断完善，在185个小类产品中，辽宁省居于全国前6位的有58个，占31.4%。

5.4.1 辽宁省装备制造业的竞争力分析

本节以全国30个省市的数据为基础建立聚类分析，选取装备制造业的8个综合指标作为变量。通过聚类分析的结果分析辽宁省装备制造业在全国的位置，进而对其竞争力进行分析。

5.4.1.1 聚类分析原理

聚类分析是对研究样品或指标进行分类的一种多元统计方法，与其他统计方法结合起来使用能够解决许多实际问题。在应用中，聚类分析是一种对数据的解释方法，要得到一个客观、综合的聚类分析结果，必须经过多次不同方法的实验，同时辅助其他方法，例如统计图形、机理分析等。聚类分析是通过将一批数据的个案或者变量的诸多特征，按照关系的远近程度进行分类。关系远近程度的定量描述方式不一样以及利用的聚类方法不一样，可能产生有差别的聚类结果。

在聚类分析中，描述个案之间或类与个案以及类与类之间关系远近程度是体现两者之间差异程度的一个定量化的描述，聚类分析定义的距离的概念就是描述两者之间差异程度的量，由于这里的距离是描述了个案之间差异的量，所以聚类分析中的距离也称为不相似测度或差异测度。将个案看成多维空间的一个点，引用多维空间中点的距离概念定义不相似度。距离越小，表示两者之间的关系越紧密，相似特征越多，就越有可能分在同一类；相反，距离越大，表示两者之间的差异性越大。

聚类的方法有多种，最常用的是分层聚类法，根据聚类过程不同，又分为凝聚法和分解法。凝聚法的原理是将参与聚类的每个个体视为一类，根据两类之间的距离或相似性，逐步合并直到合并为一个大类为止。分解法的原理是将所有个案都视为属于一大类，然后根据距离和相似性逐层分解，直到参与聚类的每个个案自成一类为止。无论哪种方法，其聚类原则都是近似的聚为一类，即距离最近或最相似的聚为一类，实际上以上两种方法是方向相反的两种聚类过程。本节选取的是分层聚类的凝聚法，选取的距离是欧式距离，样本经过标准化处理。

5.4.1.2　聚类分析过程

本书以全国 30 个省市为研究对象，缺少西藏自治区、台湾地区、香港、澳门数据，原因主要有两个方面：（1）香港、澳门、台湾地区的数据较难获得；（2）西藏自治区的装备制造业发展比较落后，各项数值几乎为零，没有比较价值。根据前面提到的，我国的装备制造业主要分为金属制品、通用设备、专用设备、交通运输、电气机械、电子通信、仪器仪表等 7 大类。因此本节的装备制造业采用这 7 大类的综合数据。选取装备制造业的工业总产值、资产合计、实收资本、利润总额、出口交货值、就业人数以及主营业务税金及附加、本年应交增值税作为反映区域装备制造业发展情况的系统指标，运用 SPSS17.0 中的分层聚类法对 30 个省市进行聚类。某年 30 个省市装备制造业主要经济指标占全国的比例见表 5-8。

表 5-8　某年 30 个省市装备制造业主要经济指标占全国的比例　（%）

序号	地区	工业总产值	资产合计	实收资本	利润总额	出口交货值	主营业务税金及附加	本年应交增值税	就业人数
1	北京	2.51	3.76	4.28	2.96	1.96	4.94	2.42	1.67
2	天津	2.69	2.67	4.45	2.87	2.87	4.45	2.95	2.11
3	河北	2.76	2.74	2.74	3.5	0.99	2.06	2.60	2.7
4	山西	0.49	0.83	0.73	0.3	0.19	0.28	0.39	0.97
5	内蒙古	0.46	0.5	0.46	0.32	0.05	0.21	0.27	0.32
6	辽宁	4.94	5.3	5.12	5.17	2.12	7.61	3.72	3.92
7	吉林	2.23	1.81	1.18	3.24	0.15	3.16	2.28	1.16
8	黑龙江	0.53	1	0.74	0.38	0.18	0.37	0.61	0.66
9	上海	6.65	7.67	8.64	7.73	10.89	8.86	5.27	4.97
10	江苏	18.39	16.92	19.13	17.95	24.79	12.08	18.22	17.2
11	浙江	6.95	9.01	8.49	6.36	8.14	4.36	6.25	9.38
12	安徽	3.14	2.82	2.95	2.9	1.04	2.42	3.68	2.72
13	福建	2.62	2.17	2.5	2.53	3.97	1.88	2.08	2.79
14	江西	1.33	1.07	1.18	1.31	0.79	1.32	1.38	1.51
15	山东	9.88	7.55	6.17	9.77	4.35	9.01	10.07	7.15
16	河南	3.44	2.65	3.27	4.5	0.9	3.64	3.73	3.86
17	湖北	3.17	3.94	3.66	3.83	0.88	2.72	2.81	2.78
18	湖南	2.65	2.38	1.89	3.38	0.43	3.49	3.77	2.27
19	广东	16.88	15.71	14.83	13.7	31.4	15.42	17.95	23.06
20	广西	1.13	1.02	0.67	1.34	0.39	1.33	1.00	1.04

续表 5-8

序号	地区	工业总产值	资产合计	实收资本	利润总额	出口交货值	主营业务税金及附加	本年应交增值税	就业人数
21	海南	0.09	0.11	0.12	0.09	0.04	0.27	0.08	0.07
22	重庆	2.19	1.89	1.59	1.7	1.22	3.06	2.43	2.04
23	四川	2.98	3.29	2.25	2.76	1.81	5.52	4.35	3.07
24	贵州	0.16	0.27	0.32	0.1	0.04	0.08	0.11	0.31
25	云南	0.17	0.27	0.32	0.16	0.01	0.09	0.16	0.24
26	陕西	1.17	1.93	1.7	0.83	0.33	1.14	1.07	1.55
27	甘肃	0.18	0.24	0.24	0.11	0.02	0.14	0.17	0.24
28	青海	0.01	0.03	0.03	0.01	0	0.01	0.02	0.03
29	宁夏	0.07	0.1	0.11	0.08	0	0.03	0.01	0.1
30	新疆	0.12	0.35	0.24	0.22	0.02	0.05	0.10	0.1

注：数据依据《中国工业经济统计年鉴 2012》计算而得。

使用聚类分析方法进行分析结果如下。

A 凝聚状态表

表 5-9 是分层聚类的凝聚状态表，表中第 1 列（阶）表示聚类分析的第几步；第 2、3 列（群集组合）表示本步聚类中哪两个个案或者小类聚成一类；第 4 列（系数）是个案距离或小类距离；第 5、6 列（首次出现阶群集）表示本步骤类中参与聚类的是个案还是小类，0 表示个案，非 0 表示由第几步聚类生成的小类参与本步聚类；第 7 列（下一阶）标识本步骤类的结果将在以下第几步中使用。

表 5-9 聚类分析凝聚状态表

群集组合			首次出现阶群集			
阶	群集 1	群集 2	系数	群集 1	群集 2	下一阶
1	24	25	0.023	0	0	2
2	24	27	0.029	1	0	4
3	28	29	0.036	0	0	5
4	24	30	0.053	2	0	6
5	21	28	0.072	0	3	6
6	21	24	0.091	5	4	8
7	4	8	0.093	0	0	10

续表 5-9

群集组合			系数	首次出现阶群集		
阶	群集 1	群集 2	系数	群集 1	群集 2	下一阶
8	5	21	0.147	0	6	10
9	14	20	0.184	0	0	12
10	4	5	0.278	7	8	18
11	3	12	0.306	0	0	14
12	14	26	0.320	9	0	18
13	1	2	0.350	0	0	20
14	3	17	0.422	11	0	17
15	7	22	0.443	0	0	16
16	7	18	0.505	15	0	19
17	3	16	0.562	14	0	19
18	4	14	0.627	10	12	23
19	3	7	0.696	17	16	21
20	1	23	0.711	13	0	22
21	3	13	0.714	19	0	22
22	1	3	0.863	20	21	23
23	1	4	1.572	22	18	28
24	9	11	1.584	0	0	25
25	9	15	1.897	24	0	26
26	6	9	2.065	0	25	28
27	10	19	2.251	0	0	29
28	1	6	3.546	23	26	29
29	1	10	9.545	28	27	0

凝聚状态表中显示了 30 个省市地区分层聚类的情况。聚类分析的第 1 步中，个案序号为 24 和 25（贵州和云南）聚成一小类，它们之间的距离（平方欧氏距离）是 0.023，这个小类将在下面第 2 步用到。同理，聚类分析的第 2 步，序号为 27（甘肃）的个案与在第 1 步聚成的小类合并，并聚成一个小类，它们的距离（平均组间链锁距离）是 0.029，形成的小类将在下面第 4 步用到。经过 29 个聚类过程，30 个个案最后聚成了一个大类。

B　类成员聚类表

表 5-10 是分层聚类分析的类成员聚类表，从中可知类数从 3 到 9 时的个案所

属的类别。例如，当类数为3时，广东和江苏为第一类；浙江、上海、山东和辽宁在第二类；第三类包括北京、天津、河北、山西、内蒙古、吉林、黑龙江、安徽、福建、江西、山东、河南、湖北、湖南、广西、海南、重庆、四川、贵州、云南、陕西、甘肃、青海、宁夏、新疆。

当类数为9时，广东为第一类；山东、浙江、江苏、上海分别位于第二至五类；辽宁位于第六类；第七类包括山西、内蒙古、黑龙江、江西、广西、海南、贵州、云南、陕西、甘肃、青海、宁夏、新疆；第八类包括河北、吉林、安徽、福建、河南、湖北、湖南、重庆；第九类包括北京、天津、四川。

表5-10 聚类分析类成员聚类表

案例	集群数						
	9	8	7	6	5	4	3
1：北京	1	1	1	1	1	1	1
2：天津	1	1	1	1	1	1	1
3：河北	2	1	1	1	1	1	1
4：山西	3	2	1	1	1	1	1
5：内蒙古	3	2	1	1	1	1	1
6：辽宁	4	3	2	2	2	2	2
7：吉林	2	1	1	1	1	1	1
8：黑龙江	3	2	1	1	1	1	1
9：上海	5	4	3	3	3	2	2
10：江苏	6	5	4	4	4	3	3
11：浙江	7	6	5	5	3	2	2
12：安徽	2	1	1	1	1	1	1
13：福建	2	1	1	1	1	1	1
14：江西	3	2	1	1	1	1	1
15：山东	8	7	6	5	3	2	2
16：河南	2	1	1	1	1	1	1
17：湖北	2	1	1	1	1	1	1
18：湖南	2	1	1	1	1	1	1
19：广东	9	8	7	6	5	4	3
20：广西	3	2	1	1	1	1	1
21：海南	3	2	1	1	1	1	1
22：重庆	2	1	1	1	1	1	1
23：四川	1	1	1	1	1	1	1

续表 5-10

案　例	集群数						
	9	8	7	6	5	4	3
24：贵州	3	2	1	1	1	1	1
25：云南	3	2	1	1	1	1	1
26：陕西	3	2	1	1	1	1	1
27：甘肃	3	2	1	1	1	1	1
28：青海	3	2	1	1	1	1	1
29：宁夏	3	2	1	1	1	1	1
30：新疆	3	2	1	1	1	1	1

C　聚类分析的树形图

树形图显示了分层聚类过程，即每个个体为单独的一类，逐次合并，一直到全部合并成一大类，这整个过程都在树形图中得到了体现。

通过聚类分析的树形图（见图 5-7）可以看出，广东和江苏属于第一类；辽宁、山东、浙江、上海属于第二类；第三类包括福建、河南、湖北、安徽、河北、湖南、重庆、四川、天津、北京、陕西、广西、江西、黑龙江、山西、海南；第四类包括宁夏、青海、新疆、甘肃、云南和贵州。

5. 4. 1. 3　聚类结果分析

从 30 个省市装备制造业主要经济指标占全国装备制造业的比例以及聚类分析的结果可以看出：

（1）广东和江苏两省的装备制造业核心竞争力最强，整体实力在全国占据绝对优势地位，无论是在工业总产值、资产合计、实收资本、利润总额、出口交货值、就业人数方面，还是在主营业务税金及附加和本年应交增值税方面，广东省和江苏省的占比都占据了前两位，两省的占比之和均达 30%以上，尤其在就业人数和出口交货值方面更为突出，就业人数占比之和达到 40. 26%，而出口交货值占比之和达到了 56. 19%。这也体现出了广东、江苏两省装备制造业在就业和出口两方面的突出作用。

而从聚类分析也可以得出相同的结果，在类成员聚类表中可以看出，广东、江苏两省基本上处于聚类分析的第一类。这与广东、江苏两省在全国的经济地位以及其装备制造业的发展情况是相符的。

（2）山东、浙江、上海、辽宁四省占据比较优势地位，整体实力略逊于前者，但从全国来看，其装备制造业的经济实力还是具有很强的竞争力。

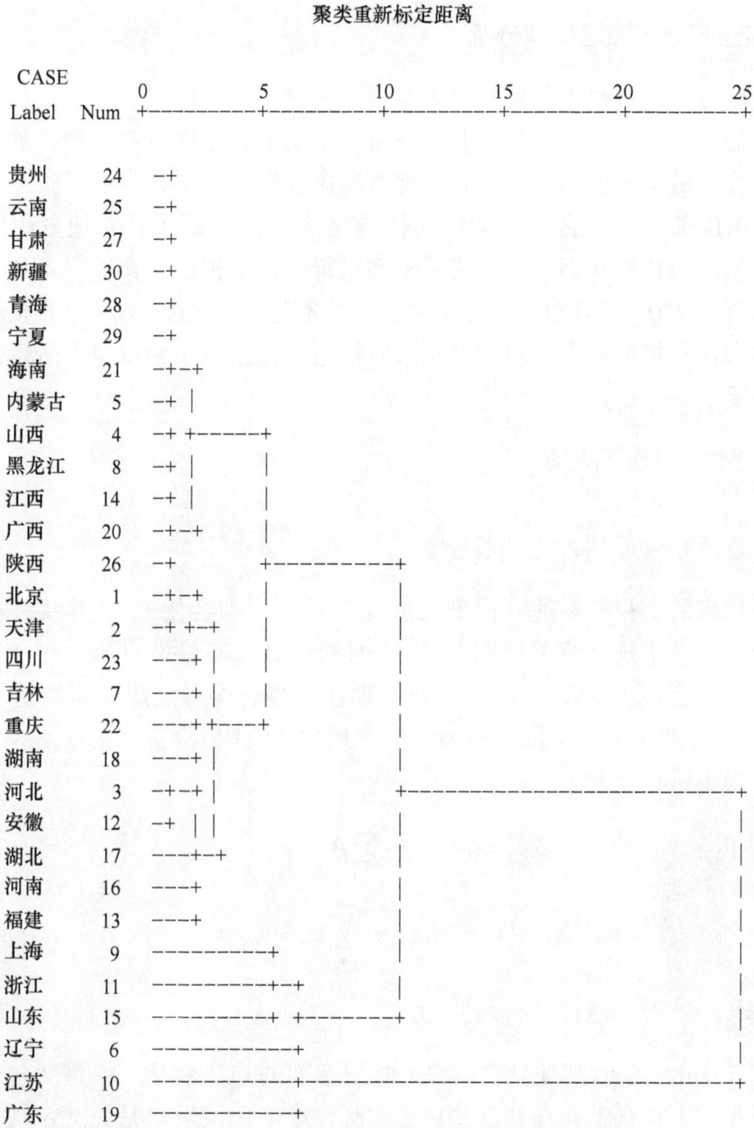

图 5-7 聚类分析树形图输出结果

虽然辽宁省装备制造业的主要经济指标占全国的比例与广东、江苏两省相应占比仍然存在较大的差距，而且与山东、浙江和上海相比，也略有不足。但是在全国范围来看，辽宁省装备制造业的发展仍然具有比较强的经济实力和竞争力。同时也说明为提升其竞争力，辽宁省必须进行装备行业的转型升级。

(3) 北京、天津、吉林、安徽、福建、河南、湖北、湖南、重庆、四川处于中游水平，与广东、江苏两省相比具有明显的差距。其余各省的装备制造业发展情况相对落后。

5.4.2　自回归分布滞后模型分析

一般而言，税收收入与宏观经济变量之间存在着某种程度上的依赖关系。装备制造业的发展情况可以用其工业总产值来反映，它是税收收入增长的源泉，是决定税收收入最重要的因素。税收与装备制造业发展的关系集中反映在税收收入与工业产值的关系上，古扎拉蒂的《计量经济学》中认为，对地方税收入和宏观经济变量之间建立自回归分布滞后模型进行弹性分析比较合适。本节利用辽宁省装备制造业 2003~2012 年的数据，建立装备制造业税收收入与工业总产值的非线性动态回归模型，即自回归分布滞后模型。数据以年为单位，所以滞后一期即可满足要求。

5.4.2.1　模型的检验

A　变量时间序列的平稳性检验

时间序列的平稳性是建立模型的前提假设，否则会使 t、F 等统计检验结果不可靠，甚至会出现“虚假回归”。对于时间序列的平稳性可以通过图形直观判断，但是这种直观的判断带有很强的主观性，容易误导。因此需要进行统计检验，目前常用的方法是单位根检验，最常用的是 ADF 检验，从以下 3 个模型中选择一个模型进行检验：

模型 1：
$$\Delta y_t = \delta y_{t-1} + \sum_{i=1}^{m} \beta_i \Delta y_{t-i} + \varepsilon_t \tag{5-1}$$

模型 2：
$$\Delta y_t = \alpha + \delta y_{t-1} + \sum_{i=1}^{m} \beta_i \Delta y_{t-i} + \varepsilon_t \tag{5-2}$$

模型 3：
$$\Delta y_t = \alpha + \beta t + \delta y_{t-1} + \sum_{i=1}^{m} \beta_i \Delta y_{t-i} + \varepsilon_t \tag{5-3}$$

模型 3 中的 t 是时间变量，反映了时间序列的趋势变化；模型 2 包含了截距项，而模型 1 不包含截距项和趋势项。实际检验时原假设都是 H_0：$\delta = 0$，即存在单位根。检验过程从模型 3 开始，然后模型 2、模型 1，直至拒绝原假设（原序列不存在单位根，为平稳序列）时停止检验。

B　变量间的协整关系检验

从经济含义来讲，协整意味着变量之间存在着一种长期稳定的均衡关系。本节对协整性检验采用“EG 两步法”。

以两个变量 y 和 x 为例。在检验协整性之前，首先对变量的单整性进行检验，只有当两个变量的单整阶数相同时，才可能存在协整关系。不妨设 y 和 x 都是一阶单整序列，即 y、x 均 ~ I (1)，EG 两步法具体检验步骤为：

第一步：利用最小二乘法估计模型：

$$y_t = \beta_0 + \beta_1 x_t + \varepsilon_t \tag{5-4}$$

并计算相应的残差序列：

$$e_t = y_t - (\hat{\beta}_0 + \hat{\beta}_0 x_t) \tag{5-5}$$

第二步：检验残差序列的平稳性，可以使用的检验方程有：

$$\Delta e_t = \delta e_{t-1} + \sum_{i=1}^{m} \gamma_i \Delta e_{t-i} + \varepsilon_t \tag{5-6}$$

$$\Delta e_t = \alpha + \delta e_{t-1} + \sum_{i=1}^{m} \gamma_i \Delta e_{t-i} + \varepsilon_t \tag{5-7}$$

$$\Delta e_t = \alpha + \beta t + \delta e_{t-1} + \sum_{i=1}^{m} \gamma_i \Delta e_{t-i} + \varepsilon_t \tag{5-8}$$

如果经过 ADF 检验拒绝了原假设 H_0：$\delta = 0$，残差序列是平稳序列，则意味着 y 和 x 存在着协整关系，称原模型为协整回归模型；如果接受了存在单位根的原假设，则残差序列是非平稳的，y 和 x 之间不可能存在协整关系，原模型是虚假回归模型。

C　异方差检验

实际经济问题中经常会出现异方差性，这将直接影响回归模型的估计、检验和应用。因此在建立计量经济模型的过程中，应该检验模型是否存在异方差性，本节采用 White 检验方法。

设回归模型为：

$$y_i = \beta_0 + \beta_1 x_{1i} + \beta_2 x_{2i} + \varepsilon_i \tag{5-9}$$

估计回归模型，并计算残差的平方 e_i^2 。

$$e_i^2 = \alpha_0 + \alpha_1 x_{1i} + \alpha_2 x_{2i} + \alpha_3 x_{1i}^2 + \alpha_4 x_{2i}^2 + \alpha_5 x_{1i} x_{2i} + \nu_i \tag{5-10}$$

即将残差平方关于所有解释变量的一次项、二次项和交叉乘积项进行回归，其中 ν_i 是满足古典回归模型假定的误差项。

计算辅助回归模型的判定系数 R^2；在同方差的假设下，渐进地有：$nR^2 \sim \chi^2(q)$ ，其中自由度 q 为自变量个数。

对于给定的显著水平 α ，若 $nR^2 > \chi^2(q)$ ，则拒绝原假设 H_0，即认为 $\alpha_i (i \neq 0)$ 中至少有一个显著地不等于 0，模型的方差随着解释变量的变化而变化，即模型存在异方差性；反之，则认为不存在异方差性。

5.4.2.2　装备行业税收收入与工业产值关系实证

A　数据来源及处理

本节用于分析的数据均采用辽宁省国税局统计资料，数据样本为 2003~2012 年的数据（见表 5-11）。装备行业的税收收入（TAX）、国内增值税（$T1$）、企业所得税（$T2$）和工业总产值（Y）的数据均为当年价格，保留两位小数。本实证选用软件 Eviews6. 0 进行数据的分析处理。

表 5-11　辽宁装备制造业税收和产值情况表　（亿元）

年份	工业总产值	税收收入	国内增值税	企业所得税
2003	1729. 00	79. 40	53. 40	7. 50
2004	2262. 00	89. 50	60. 30	8. 50
2005	3125. 00	112. 30	69. 20	11. 10
2006	4028. 00	148. 90	92. 60	15. 30
2007	5137. 30	197. 59	108. 54	24. 76
2008	7140. 80	243. 00	141. 42	42. 62
2009	9171. 48	284. 50	167. 05	51. 35
2010	12559. 20	342. 94	187. 55	65. 93
2011	14670. 46	465. 37	233. 14	94. 64
2012	15262. 15	488. 20	241. 04	91. 74

注：数据来源于辽宁省国税局统计资料。

B　变量的平稳性检验

对变量进行自然对数变换不会改变其原有的协整关系并能使其趋势化，而且还可以消除时间序列数据中存在的异方差，对工业总产值和税收收入分别进行自然对数变换，变换后的变量分别用 ln$Y$ 和 lnTAX 表示，其变化趋势如图 5-8 所示。

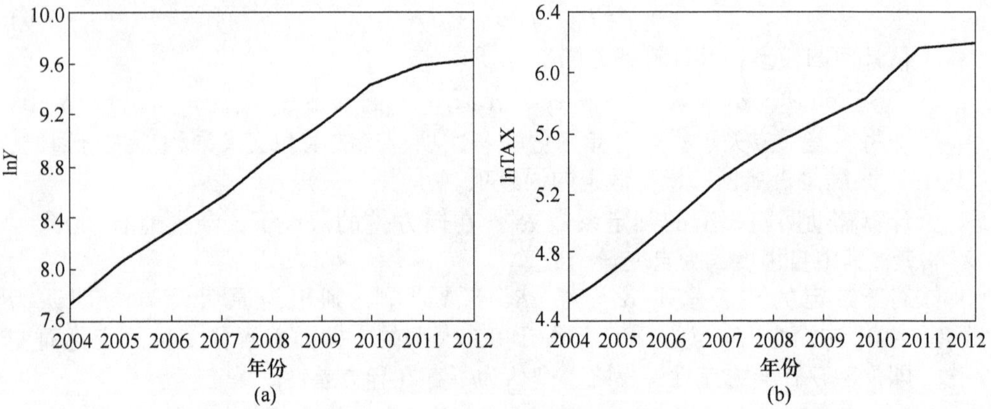

图 5-8　ln$Y$ 和 lnTAX 变化趋势图

lnTAX 和 ln$Y$ 都有不断增长的趋势，并且变动方向较为一致。为避免图示判断的主观性，下面使用 ADF 法对 lnTAX 和 ln$Y$ 进行检验，经单位根检验可知 lnTAX~I（2），ln$Y$~I（2），序列平稳（见表 5-12）。

表 5-12　变量序列平稳性的 ADF 检验表

变量	ADF 检验值	临界值			Prob.
		1%	5%	10%	
$D(\ln Y, 2)$	-2.23	-3.01	-2.02	-1.60	0.0355
$D(\ln TAX, 2)$	-2.51	-3.11	-2.04	-1.60	0.0237

C　协整关系检验

建立 ADL 模型（含有两个外生变量，解释变量与被解释变量各滞后一期）：

$$\ln TAX_t = \alpha_0 + \beta_0 \ln Y_t + \beta_1 \ln Y_{t-1} + \alpha_1 \ln TAX_{t-1} + \mu \quad (5\text{-}11)$$

利用 OLS 回归，可以得到方程：

$$\ln TAX_t = -1.5604 + 0.2452 \ln Y_t + 0.5394 \ln Y_{t-1} + 0.0390 \ln TAX_{t-1} \quad (5\text{-}12)$$

$$R^2 = 0.9938,\ F = 265.5281,\ DW = 1.5403$$

利用 BG 检验对变量的自相关性进行检验，检验结果如图 5-9 所示。

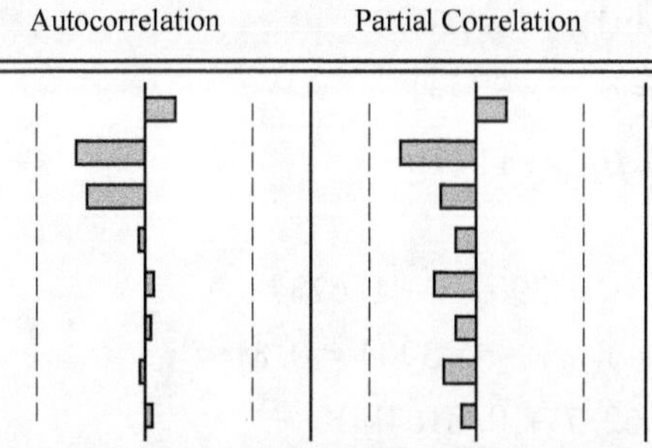

	AC	PAC	Q-Stat	Prob
1	0.184	0.184	0.4188	0.518
2	-0.425	-0.475	2.9789	0.225
3	-0.364	-0.216	5.1676	0.160
4	-0.019	-0.134	5.1748	0.270
5	0.050	-0.253	5.2361	0.388
6	0.038	-0.131	5.2849	0.508
7	-0.008	-0.201	5.2883	0.625
8	0.045	-0.091	5.4879	0.704

图 5-9　BG 检验相关系数结果

图 5-9 中，AC 表示各期的自相关系数，PAC 表示各期的偏自相关系数，为了直观地反映相关系数值的大小，在图形的左半部分分别绘制了相关系数和偏相关系数的直方图，其中虚线表示±0.5。当第 S 期偏相关系数的直方图超过虚线部分时，表明偏相关系数的绝对值大于 0.5，即存在 S 阶自相关性。从图 5-9 中的偏相关系数可以看出，模型中不存在自相关性。

接下来，采用 EG 法对残差的平稳性进行检验（见表 5-13）。

表 5-13　EG 检验结果

变量	ADF 值	临界值			平稳性决策
		1%	5%	10%	
e	-5.0761	-3.1096	-2.044	-1.5973	平稳

残差序列 e 为平稳序列，表明模型中的变量之间具有协整关系。

D　异方差性检验

利用 White 检验是否存在异方差。如表 5-14 所示，$nR^2 = 2.005 < \chi^2_{(0.005)}(3) = 16.919$，表明不存在异方差。

表 5-14　White 检验结果

F-statistic	0.477800	Prob.	0.7116
Obs * R-squared	2.005253	Prob.	0.5713

E　回归结果及分析

经过检验可知，回归方程中不存在自相关性和异方差，现计算装备制造业税收收入 TAX 与工业总产值 Y 两变量间的长期弹性系数，取

取 $\ln TAX^* = \ln TAX_t = \ln TAX_{t-1}$

$$\ln Y^* = \ln Y_t = \ln Y_{t-1}$$

得
$$\ln TAX_t^* = \alpha^* + \beta^* \ln Y_t \tag{5-13}$$

式中，$\alpha^* = \alpha_0/(1-\alpha_1)$；$\beta^* = (\beta_0 + \beta_1)/(1-\alpha_1)$。

则对原方程估计的长期关系是：

$$\alpha = -1.5604/(1-0.390) = -1.6237$$

$$\beta = (0.2452 + 0.5394)/(1-0.390) = 0.8164$$

$$\ln TAX_t = -1.6237 + 0.8164 \ln Y_t \tag{5-14}$$

为了考察税收结构中主要税种的收入弹性，再次同样选取辽宁省 2003~2012 年的数据为样本，通过前面的分析，我国是以流转税和所得税为双主体的税制结构。就装备制造业而言，流转税中本节选取国内增值税，所得税中选取企业所得税，其他税种由于所占比例较小，不作为模型考察的对象。

定义变量：$T1$ 为装备制造业的国内增值税，$T2$ 为装备制造业的企业所得税。

同样，为了揭示各税种的弹性，分别以 $\ln T1$ 和 $\ln T2$ 作为因变量，$\ln Y$ 作为自变量，按照上述方法，分别对各变量进行回归，得到各税种对装备制造行业工业产值的长期弹性如下方程所示：

$$\ln T1 = -1.2860 + 0.7052 \ln Y \tag{5-15}$$

$$\ln T2 = -8.1058 + 1.3140 \ln Y \tag{5-16}$$

根据本节协整检验，尽管税收收入和工业产值都具有非平稳性，但是它们之间却具有长期稳定的协整关系。现对式（5-14）~式（5-16）进行分析：变量 $\ln Y$ 的系数反映的是税收对工业产值的弹性，这里的弹性与之前提到的税收弹性

系数有所不同，之前提到的弹性系数为税收收入增长率与 GDP 增长率之比，是用具体年份的数值直接计算而得，短期经济具有一定的随机性和波动性。模型中考虑了经济的滞后性，反映的是一种长期稳定的关系。(对数的）辽宁省装备制造行业的税收收入、国内增值税、企业所得税和（对数的）工业总产值之间存在着密切的关系。式（5-14）表明：(对数的）工业总产值每增加 1 个单位，相应的（对数的）税收收入会增加 0. 8164 个单位。说明在工业总产值不断增长的情况下，税收收入也在增长，但是增长幅度小于前者，说明税收收入的增速慢于产值的增速，税收弹性小于 1，这低于我国宏观经济的税收弹性系数（1~1. 4)。从式（5-15）和式（5-16）分别可以得出，(对数的）工业总产值每增长 1 个百分点，(对数的）国内增值税和企业所得税分别增长 0. 7052 个和 1. 3140 个百分点。可以看出企业所得税的长期弹性大于 1，要比国内增值税的弹性大得多，说明企业所得税对经济的反映更灵敏。

5.4.3　通径分析

5. 4. 3. 1　通径分析原理

通径分析可用于分析多个自变量与因变量之间的线性关系，是回归分析的拓展，可以处理较为复杂的变量关系。如当自变量数目比较多，且自变量间相互关系比较复杂（如：有些自变量间的关系是相关关系，有些自变量间则可能是因果关系）或者某些自变量是通过其他的自变量间接地对因变量产生影响，这时可以采用通径分析。

通径系数是用来表示相关变量因果关系的统计量，包括直接通径系数和间接通径系数，前者是某个自变量对因变量的直接作用，后者是某个自变量通过其他自变量对因变量的间接作用。通径分析的原理已证明：

任一自变量 x_i 与应变量 y 之间的简单相关系数 r_{ij} = x_i 与 y 之间的直接通径系数 p_{ij} + 所有 x_i 与 y 的间接通径系数

任一自变量 x_i 与 y 的间接通径系数 = 相关系数 r_{ij} × 通径系数 p_{ij}

5. 4. 3. 2　装备制造业产值与其影响因素的通径分析

从宏观经济的角度看，经济增长是由各种生产要素通过社会的专业化和劳动分工体系，或经济制度组合在一起，生产出社会的总产出。从工业生产的角度来看，资本要素和劳动力要素对工业产值起着至关重要的作用，本节在此基础上加上税收因素，利用 SPSS17. 0 软件进行通径分析。

A　建立通径分析，对因变量 *Y* 实施正态性检验

以装备制造业的工业总产值（*Y*）为因变量，以固定资产投资额（*X*1)、规

模以上企业从业人员（$X2$）、国内增值税（$X3$）、企业所得税（$X4$）为自变量，对其进行通径分析。首先对自变量 Y 进行正态性检验。

SPSS 对一组数据进行正态性检验有 2 种方法，Kolmogorov-Smirnov Test 和 Shapiro-Wilk Test（见表 5-15）。前者检验结果较精确，适用于大样本的检测，后者适用于小样本的检测，本次检验 $n=10$ 属于小样本，因此对因变量 Y 进行正态性检验利用 Shapiro-Wilk Test 的输出结果。统计量 0.894，在 95%置信度下的显著水平 $Sig.=0.190>0.05$，因变量 Y 服从正态分布，即 Y 是正态变量可以进行回归分析。

表 5-15　正态性检验输出结果

工业产值/亿元	Kolmogorov-Smirnov			Shapiro-WilkTest		
	Statistic	*df*	*Sig.*	Statistic	*df*	*Sig.*
	0.178	10	0.200	0.894	10	0.190

B　逐步回归分析

利用 SPSS 软件进行逐步回归，得到模型见表 5-16。

表 5-16　模型汇总表

模型	R	R^2	$A-R^2$	预测变量
1	0.993	0.986	0.985	$X3$
2	0.997	0.993	0.991	$X1$，$X3$
3	0.999	0.998	0.997	$X1$，$X3$，$X4$
4	0.999	0.998	0.997	$X1$，$X4$

随着自变量被逐步引入回归方程。回归方程的相关系数 R 和决定系数 R^2 在逐渐增大，说明引入的自变量对总产量的作用在增加。模型 3、4 的 R^2 和 $A\text{-}R^2$ 相同，但是模型 4 的标准估计误差要更小。模型 4 包含了 $X1$ 和 $X4$，决定系数 $R^2=0.998$，则剩余因子 $e=\sqrt{1-R^2}=0.0447214$，说明对装备制造业工业总产值有影响的自变量不仅有以上两个方面，还有一些影响因素没有考虑到，对于工业总产值影响因素的全面分析有待进一步研究。但是该值较小，所以本节所取自变量对因变量的解释性还是比较强的。

表 5-17 给出了各自变量的偏回归系数、方程截距、标准回归系数（即通径系数）、标准误差以及相对应的显著性检验结果，从而可得到线性回归方程为：

$$y=1003.702+2.324x_1+75.869x_4$$

表 5-17 回归系数输出表

模型		非标准化系数		标准系数试用版	t	*Sig.*
		B	标准误差			
1	（常量）	−2403.558	456.599	0.993	−5.264	0.001
	X3	73.192	3.029		24.161	0.000
2	（常量）	−875.918	685.600	0.525	−1.278	0.242
	X3	38.693	13.528		2.860	0.024
	X1	2.186	0.844	0.475	2.588	0.036
3	（常数）	1357.315	752.427	−0.100	1.804	0.121
	X3	−7.360	15.312		−0.481	0.648
	X1	2.510	0.524	0.546	4.793	0.003
	X4	85.562	23.950	0.560	3.572	0.012
4	（常量）	1003.702	149.146	0.509	6.730	0.000
	X1	2.342	0.367		6.379	0.000
	X4	75.869	12.194	0.496	6.222	0.000

由通径系数可以看出自变量 X1、X4 对 Y 的直接作用分别是 $P_{1y}=0.509$，$P_{4y}=0.496$。显著性检验结果表明，X1、X4 的偏回归系数的显著性均小于 0.05，说明自变量与因变量之间存在显著性差异，有统计学意义都应留在方程中。

C 计算间接通径系数

由表 5-18 相关系数表可得到自变量与因变量、各自变量间的相关系数。

$r_{12}=r_{21}=0.886$；$r_{13}=r_{31}=0.985$；$r_{14}=r_{41}=0.974$

$r_{23}=r_{32}=0.868$；$r_{24}=r_{42}=0.842$；$r_{34}=r_{43}=0.992$

表 5-18 相关系数表

变量	Y	X1	X2	X3	X4
Y	1.000	0.992	0.873	0.993	0.992
X1	0.992	1.000	0.886	0.985	0.974
X2	0.873	0.886	1.000	0.868	0.842
X3	0.993	0.985	0.868	1.000	0.992
X4	0.992	0.974	0.842	0.992	1.000

X1 通过 X4 对 Y 的间接通径系数为：$r_{14}\times P_{4y}=0.974\times 0.496=0.483104$

X4 通过 X1 对 Y 的间接通径系数为：$r_{41}\times P_{1y}=0.974\times 0.509=0.495766$

同理，可以计算出 X2 和 X3 分别通过 X1 和 X4 对 Y 的间接通径系数。

D　通径分析结果分析

通过通径分析（见表 5-19）可以看出，在本章所采取的 4 个自变量中，对装备制造业工业产值有直接作用的是固定资产投资额（X1）和企业所得税（X4），通径系数分别为 0.509 和 0.496，而规模以上企业从业人员（X2）通过 X1、X4 的间接通径系数分别为 0.451 和 0.418，国内增值税（X3）通过 X1、X4 的间接通径系数分别为 0.501 和 0.492。从税收的角度考虑，企业所得税对工业产值的影响要大于增值税，增值税的影响是通过其他变量的间接作用达到的。这也可以理解为，企业所得税是和企业的利润直接相关的，其作用会比较直接，而增值税是在生产过程中产生的，增值税会影响到行业、企业的投资，通过投资影响到工业产值，所以这种影响是间接的。可以进一步从直接税与间接税的角度考虑，企业所得税属于直接税，不存在税负转嫁环节；增值税属于间接税，税收的征收过程中存在着一个中转（或是转嫁）的过程，所以企业所得税对于企业、行业的影响要更为直接，而增值税的影响是间接的。在调节经济的过程中，要重视发挥税收中直接税的作用。

表 5-19　简单相关系数的分解

自变量	与 y 的简单相关系数	通径系数（直接作用）	间接通径系数（间接作用）	
			X1	X4
X1	0.992	0.509	—	0.483104
X2	0.873	—	0.450974	0.417632
X3	0.993	—	0.501365	0.492032
X4	0.992	0.496	0.495766	—

6 增值税改革政策效应分析

6.1 营业税改征增值税政策效应

我国实施“营改增”分为三个阶段：（1）选择部分行业部分地区进行“营改增”试点。上海于2012年1月1日率先启动“营改增”试点；2012年8月1日起，试点范围由上海市分批扩大至北京等8省市。（2）选择部分行业在全国范围内进行试点。自2013年8月1日起，将交通运输业和部分现代服务业“营改增”试点在全国范围内推开，适当扩大部分现代服务业范围，将广播影视服务业纳入试点，并择机将铁路运输和邮电通信等行业纳入“营改增”试点。（3）在2016年5月1日，“营改增”全面推开，范围扩大到建筑、房地产、金融、生活服务等四大行业。

营业税改征增值税的经济效应，不仅体现为税负减轻对市场主体的激励，也显示出税制优化对生产方式的引导。相对而言，前者的作用更直观，后者的影响更深远。其效应传导的基本路径是：以消除重复征税为前提，以市场充分竞争为基础，通过深化产业分工与协作，推动产业结构、需求结构和就业结构不断优化，促进社会生产力水平相应提升。

6.1.1 效应原理

6.1.1.1 在深化产业分工方面

营业税改征增值税既可以从根本上解决多环节经营活动面临的重复征税问题，推进现有营业税纳税人之间加深分工协作，也将从制度上使增值税抵扣链条贯穿于各个产业领域，消除目前增值税纳税人与营业税纳税人在税制上的隔离，促进各类纳税人之间开展分工协作。

6.1.1.2 在优化产业结构方面

将现行适用于第三产业的营业税，改为实行增值税，更有利于第三产业随着分工细化而实现规模拓展和质量提升。同时，分工会加快生产和流通的专业化发展，推动技术进步与创新，增强经济增长的内生动力。

6.1.1.3 在扩大国内需求方面

营业税改征增值税消除了重复征税，对投资者而言，将减轻其用于经营性或资本性投入的中间产品和劳务的税收负担，相当于降低投入成本，增加投资者剩余，有利于扩大投资需求；对生产者和消费者而言，在生产和流通环节消除重复征税因素后，商品和劳务价格中的税额减少，可以相应增加生产者和消费者剩余，有利于扩大有效供给和消费需求。

6.1.1.4 在改善外贸出口方面

营业税改征增值税将实现出口退税由货物贸易向服务贸易领域延伸，形成出口退税宽化效应，增强服务贸易的国际竞争力；货物出口也将因外购生产性劳务所含税款可以纳入抵扣范围，形成出口退税深化效应，有助于进一步拓展货物出口的市场空间。

6.1.1.5 在促进社会就业方面

以服务业为主的第三产业容纳的就业人群要超过以制造业为主的第二产业，营业税改征增值税带来的产业结构优化效应，将对就业岗位的增加产生结构性影响；随着由于消除重复征税因素带动的投资和消费需求的扩大，将相应带来产出拉动型就业增长。

作为深化财税体制改革的“重头戏”，营改增具有谋一域促全局的功效，也是推进供给侧改革的重要举措，对拉动经济发展、促进经济转型升级、完善我国财税体制意义重大、影响深远。

6.1.2 税负变动情况

6.1.2.1 测算方法

税负变动=营改增后的增值税税负-原营业税税负。其中：营改增后的增值税税负，根据营改增纳税人实际增值税销售额税负计算；原营业税税负，按照原营业税税目平均税负标准测算。为具有可比性，在计算原营业税税负时，需要将税基调整为不含税收入。税负变动为负值，表明该营改增纳税人税负降低；反之提高。对每个纳税人按照所属行业进行汇总，即可得到该行业税负上升的户数和税负降低的户数，以及该行业整体税负变动情况。

6.1.2.2 测算结果

从2016年5月至2017年4月营改增1个完整年度内，辽宁省四行业增值税平均应纳税负率为 3.59%，较原营业税税负率降低 0.74%，减负率达 17%。其中：建筑业、房地产业和金融业增值税应纳税负率分别为 2.97%、3.36% 和 4.83%，较原营业税税负率分别降低 0.03%、1.64%和 0.07%（见表 6-1）；生活服务业增值税应纳税负率为 2.81%，住宿、餐饮、教育、卫生、文化、体育、居民服务等各行业，尤其是娱乐业，均较原营业税税负率显著降低。

表 6-1　四行业营改增税负率变动情况　（%）

行业	营业税税率	增值税应纳税负		
		1 年平均	2016 年 5~12 月	2017 年 1~4 月
合计		3.59	3.62	3.49
建筑业	3	2.97	2.86	3.34
房地产业	5	3.36	3.30	3.54
金融业	5	4.83	4.94	4.07
生活服务业	3 或 5（娱乐 5~20）	2.81	2.74	3.01

6.1.3　税收增减情况

6.1.3.1　测算方法

税收减收额＝营改增政策降低纳税人负担带来的税收减收－营改增政策实施带来的税收增收。其中：营改增政策降低纳税人税收负担带来的税收减收＝营改增纳税人总体税负降低带来的税收减收＋原增值税一般纳税人增加抵扣带来的税收减收。

营改增政策实施带来的税收增收＝营改增政策红利带来的税收增收＋流失率降低带来的税收增收。

6.1.3.2　测算结果

截至 2016 年年底，试点行业累计征收增值税 446.5 亿元，直接减税 187.5 亿元，减税幅度 29.6%。其中“3+7”行业共征收增值税 245.5 亿元，据营改增初期数据测算，与原营业税相比，试点企业累计减税 115.5 亿元，减税幅度 32%。沈阳市“3+7”行业增值税收入占全省的 30%，大连市占 31%[1]。四大行

[1] “3+7”行业包括：交通运输业、部分现代服务业、广播影视服务业、铁路运输业、邮政业和电信业。数据为 2013 年 8 月至 2016 年 12 月期间累计数。

业共征收增值税 201 亿元，与原营业税相比，试点企业累计减税 72 亿元，减税幅度 26.4%。其中沈阳市四大行业增值税收入占全省的 30%，大连市占 29%❶。

6.1.4 对地方财力影响情况

营改增对地方财力的影响情况：

（1）营改增减税减少地方财力。营改增后，试点行业的减税效应和原工商业纳税人新增抵扣的因素，有效降低了纳税人的税收负担，相应地减少了纳税人应纳税额，对地方财力造成了影响。2016 年减少地方财力 141.1 亿元，拉低全省财政收入增幅 6.6 个百分点。

（2）增值税"五五分成"小幅受益。按照营改增过渡方案的相关政策，增值税"五五分成"和取消成品油消费税 2.3%地方收入上划中央，将小幅增加辽宁省财政收入，2016 年增加地方财力 26.2 亿元。其中，"五五分成"全年增加地方财力 19.9 亿元，取消上划增加地方财力 6.3 亿元。

从全国情况看，2016 年 5~11 月，"五五分成"共减少地方收入 541.7 亿元，其中 11 个地区增加，20 个地区减少。在地方收入增加的地区中，苏、粤、浙、鲁排在全国前 4 位，江苏省增加地方收入超过 100 亿元，辽宁省地方收入增加 11.3 亿元，排在全国第 8 位。从减少地区看，京、沪受分配比例调整影响最大，减少地方收入达 288.4 亿元和 145.9 亿元。

6.1.5 营改增政策红利分析

本节采用 2013 年 8 月 1 日营改增试点在全国范围推行后的完整年度，即 2014 年和 2015 年数据，结合 2016 年 5 月 1 日全面推开营改增试点的前后数据进行分析。

6.1.5.1 营改增促进企业降成本

服务、商品和劳动力的价值及其所含税费是试点企业购买支出的主要组成部分。根据企业成本核算原则，营改增前，除了服务、商品、劳动力和固定资产折旧，以及商品和服务所附加的资源税、契税、房产税等价内税计入成本外，作为价内税的营业税和不能抵扣的增值税也都核算在成本中。营改增后，试点企业转为增值税纳税人，外购服务所含的价内的营业税改为价外的增值税，不再计入成本；外购商品所征收的增值税可以抵扣，不再计入成本。也就是说，在其他条件不变情况下，营改增使试点企业成本减少额度基本相当于改征的营业税与原增值税进项税额之和。

---

❶ 四大行业包括：建筑业、房地产业、金融业、生活服务业。数据为 2016 年 5~12 月累计数。

按照上述营改增降成本的基本原理，随着营改增的逐步推进，降成本的额度也在逐渐扩大。从全国增值税发票数据测算情况看：

（1）原增值税行业生产成本近两年来累计下降0.04%。2014年和2015年原增值税行业生产成本降低额度每年近1000亿元，降低幅度分别为0.03%、0.04%。2016年1~4月降成本幅度为0.04%，与2015年水平一致。全面推开营改增后，四大行业纳入了营改增试点，进一步增加了原增值税行业可抵扣的项目，2016年5~10月原增值税行业降低成本557亿元，降成本幅度提高至0.06%。

（2）"3+7"行业营改增后经营成本累计下降6.3%。"3+7"行业2014年、2015年降成本额度分别为6761亿元和7734亿元，降成本幅度为6.4%和6.2%。全面营改增后，降成本幅度进一步加大，2016年5~10月降低成本4754亿元，幅度提高至6.8%。

（3）四大行业营改增后经营成本累计下降6.1%。全面营改增后，2016年5~10月，四大行业共计降低成本2696亿元，下降幅度为6.1%。营改增政策红利降低了企业的生产成本、提高了利润空间，在部分供给过剩的行业中，势必采取降低价格等手段，将部分利润让渡给购买方，从而惠及更多企业和消费者。

辽宁省情况：2016年辽宁省规模以上工业企业降成本明显，每百元主营业务收入成本为85.33元，同比减少1.51元，下降1.73个百分点，其中既有工业采购价格下降的原因，也有企业税收成本降低的原因。

6.1.5.2　营改增促进固定资产投资增加

营改增以来，试点地区服务业纳税人购进固定资产税额可以进行抵扣，企业扩大再生产以及更新设备的支出减少，投资成本降低，刺激了投资需求的增长，产业结构转型动能增强。

以纳税人购进设备等动产的支出视为固定资产动产投资总量，以此来比较原增值税行业与"3+7"行业的投资变化。根据全国增值税发票相关数据测算结果如下：

（1）从动产投资规模看，原增值税行业2015年购进动产126076亿元，月均10506亿元，2016年1~10月购进动产102790亿元，月均10279亿元，比2015年的月均水平下降2.2%。"3+7"行业2015年购进动产10281亿元，月均857亿元，2016年1~10月购进动产8945亿元，月均895亿元，比2015年的月均水平增长4.4%，月均投资规模的变动趋势好于原增值税行业（见图6-1）。

（2）从动产投资增速看，2015年至2016年10月，"3+7"行业购进动产投资增速始终高于原增值税行业。其中，2015年"3+7"行业同比增长22.4%，高于原增值税行业22.2个百分点；2019年1~10月，"3+7"行业同比增长

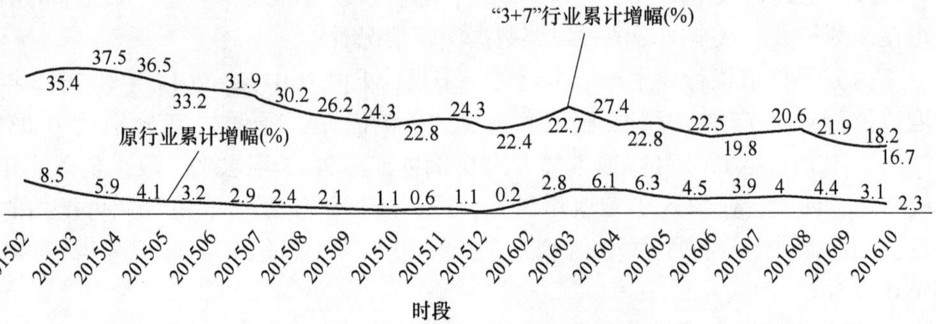

图 6-1　固定资产动产投资累计增幅

16.7%，高于原增值税行业 14.4 个百分点。

全面营改增后，不动产纳入了抵扣范围，投资规模迅速扩大，由 2016 年 5 月的 1782 亿元，扩大至 2016 年 10 月的 4002 亿元。不动产占固定资产总投资的比例由 2016 年 5 月的 13.3%，提高到 2016 年 10 月的 25.7%。其中，原增值税行业不动产投资比例由 2016 年 5 月的 8.2%，至下半年稳定在 14%以上。"3+7"行业由 2016 年 5 月的 27.6%，至下半年稳定在 50%的水平。四大行业由 2016 年 5 月的 49.8%，提高至 2016 年 10 月的 66.3%，建筑业、房地产业购进的不动产比例最高，2016 年 10 月占比分别为 65.0%和 75.9%（见表 6-2）。

表 6-2　固定资产不动产投资占比

时间	原增值税行业	"3+7" 行业	四大行业	建筑业	房地产业
2016 年 5 月	8.2	27.6	49.8	40.2	73.6
2016 年 6 月	12.9	42.8	60.0	51.5	74.0
2016 年 7 月	14.1	42.6	63.5	62.2	71.9
2016 年 8 月	14.3	51.8	67.3	64.5	77.7
2016 年 9 月	14.2	49.6	65.8	64.1	76.0
2016 年 10 月	14.8	50.5	66.3	65.0	75.9

注：数据来源于增值税专用发票进项金额整理。

以"3+7"行业为代表的服务业纳税人固定资产投资的增加，有效拉动了全社会固定资产投资的增长，促进了产业结构的优化升级。

辽宁省情况：2016 年 1~4 月，辽宁省原工商业纳税人固定资产进项税额下降 15.5%，而"3+7"行业固定资产进项税额同比增长近 1 倍。全面营改增后，不动产纳入抵扣范围，进一步加速了设备和厂房升级改造速度。2016 年

5~11 月，全省固定资产进项税额月均实现 289.5 亿元，与前 4 个月 17.8 亿元的月均水平相比，实现大幅增长。新增的营改增四大行业，固定资产进项税额也由 2016 年 5 月试点初期的百万元水平，至 2016 年 11 月达到 11.9 亿元的规模。

6.1.5.3 有利于市场专业化分工，促进优势产业做大做强

（1）市场专业分工细化程度不断提高。1）从全国情况看，根据增值税纳税户数情况统计，自 2013 年 8 月在全国范围推行营改增试点以来，“3+7”行业一般纳税人纳税户数实现较快增长。2014 年“3+7”行业纳税户数比上年增长 46.7%，高于全国平均水平 34.7 个百分点，高于原增值税行业 37.3 个百分点；2015 年“3+7”行业纳税户数比上年增长 33.0%，高于全国平均水平 25.6 个百分点，高于原增值税行业 28.1 个百分点。其中，商务服务业、科学研究和技术服务业增长势头最为明显。2014 年和 2015 年商务服务业纳税户数分别增长 29.7%和 52.4%，科学研究和技术服务业纳税户数分别增长 58.6%和 48.0%。2）从辽宁省情况看，增值税对货物和服务全覆盖后，服务业与二产业之间的融合度提高，促进了生产性服务业的发展。从 2013 年 8 月至 2016 年 12 月底，现代服务业纳税人从 5.2 万户增加到 16 万户。2016 年交通运输、仓储和邮政业增长 9.3%，软件和信息技术服务业增长 31.6%，商务服务业增长 59.8%，科学研究和技术服务业增长 20.7%。这些服务行业的良好发展势头，不仅改善了服务业内部结构，更促进了全省产业结构的优化，形成全省经济增长的新动力。

（2）营改增加强了地区间服务贸易往来，促进了服务业的快速发展，有利于充分发挥地区之间产业比较优势，进一步做大做强优势产业。全国情况：从“3+7”行业增值税专用发票显示的销售收入和购进金额情况看，东部地区试点行业体量最大，2014 年和 2015 年实现销售收入 28127 亿元和 31844 亿元，同时购进金额最多，分别为 27104 亿元和 31073 亿元，近两年净流出 1023 亿元和 771 亿元，属于服务输出地区。中部地区销售与购进金额均在 5000 亿元以上，2014 年和 2015 年净流出 236 亿元和 485 亿元，服务输出规模要小于东部地区，主要依靠交通运输服务输出。西部地区销售与购进金额均在 6000 亿元以上，2014 年和 2015 年净流入 646 亿元和 755 亿元，属于服务流入地区。东北地区服务业基础最为薄弱，销售与购进规模在 2000 亿元左右，2014 年和 2015 年净流入 353 亿元和 423 亿元，属于服务流入地区。

（3）从营改增政策的实施对地区产业影响看，东部地区凭借服务业优势，规模经济效益扩大，有利于推进服务业的专业化发展，进一步做大做强服务业。中部地区利用自身区位优势，以交通运输业带动服务业发展，加快了产业转型升

级的速度。西部地区和东北地区通过外购优质服务可以降低工业生产成本，提高工业利润水平，为工业结构的优化升级奠定了基础。由于各地区产业结构的差异，此次税制改革一定程度上造成了税收在地区之间的转移，不利于服务业相对落后地区的财力增长。营改增加快了辽宁经济由传统制造业向服务型制造业的转型升级速度，外销服务比例增加，与京沪两地往来密切。从增值税专用发票销售收入情况看，辽宁省对外输出服务的比例不断增加。2014年“3+7”行业对外省区提供服务收入占全部试点行业的39.2%，2015年提高至41.1%，2016年1~10月达到46.3%，占比连续提高。

(4) 从服务贸易省际往来对象看，辽宁省服务贸易与京、沪两地活动最为频繁。2015年，辽宁省“3+7”行业向北京、上海输出的服务收入占比分别为8.9%和6.8%，内蒙古（3.8%）、广东（3.1%）、江苏（2.3%）、河北（2.2%）紧随其后。2016年，辽宁全省“3+7”行业主要输出省区比例分别为北京（7.1%）、上海（6.3%）、广东（3.2%）、内蒙古（3.0%）、江苏（1.9%）、河北（1.5%）。

6.1.5.4 减税拉动经济增长，促进就业改善民生

根据凯恩斯的税收乘数理论，税收变动与国民收入呈反向变化，由三部门经济推导出税收乘数为 $K_t = \Delta Y/\Delta T = -b/(1-b)$，其中 b 为边际消费倾向。通过对1994年至2012年辽宁全省人均可支配收入与人均生活性消费支出数据做线性回归分析，得出辽宁省居民边际消费倾向为0.7067，辽宁省税收乘数约为2.41倍左右。按照2016年营改增试点行业减税112.7亿元测算，理论拉动全省地区生产总值增长0.9个百分点。按照2017年营改增试点行业减税225.3亿元测算，理论拉动全省地区生产总值增长1.4个百分点。

根据生产总值与就业人员之间的非线性函数关系，对1994年至2012年辽宁全省GDP与就业人员情况进行回归分析，回归结果为 $\ln L = 6.913 + 0.084\ln Y$，即辽宁省GDP对就业弹性约为0.084。按照营改增减税拉动全省GDP增长情况和2016年年末就业人员数量测算，理论上此次减税新增全省就业岗位1.9万个。

6.1.5.5 规范增值税税收管理，促进纳税公平

A 试点行业购进税额激增

营改增后，试点行业纳税人外购商品纳入了抵扣范围，消除了重复征税。全面营改增后，四大行业纳税人外购商品的进项税额保持较快增长速度，月均增长5.7%。

B 原增值税直接收入❶加速增长

营改增打通了增值税抵扣链条，加强了上下游企业之间的相互监督，试点纳税人要想取得购买货物或劳务已付税款的抵扣权，必须选择能开具专用发票的正规供应商，倒逼企业规范发展，降低了收入藏匿空间。以建筑业为例，建筑业一种常见形式是挂靠，营改增前许多挂靠单位购买材料不要发票，材料采购价格较低。“营改增”后若不开具增值税专用发票，被挂靠单位就不能获得抵扣收益，税负就会提高，如果开具增值税专用发票，必须有真实的交易，材料供应商往往会提高供货价格，挂靠单位利润将大幅减少，在一定程度上打击了挂靠行为，促进建筑行业健康有序的发展。

全面营改增后，在经济运行总体平稳的情况下，2016 下半年以来原增值税直接收入增速加快，7~10 月当月分别增长 9.6%、10.3%、7.3%和 10.2%，累计增幅也由上半年的 1.5%提高至 2016 年 10 月的 4.6%，回升明显。

6.2 深化增值税改革政策效应

6.2.1 增值税减税总量及结构分析

2019 年开始实施的深化增值税改革及配套措施使税负率明显下降，总体实现确保主要行业税负明显降低，所有行业税负只减不增的预期目标。

6.2.1.1 增值税减税总量分析

增值税减税总量分析结果：从总量指标看，呈增值税减税总量规模大、减税率提高、税负率下降的变化特点。

增值税减税总量主要是分析增值税减税规模和幅度，可通过减税额和减税率两个指标来反映。减税额主要是反映减税规模，以及减税额的增减变化情况，而减税率主要反映减税幅度及其变化情况，分别从两个不同视角反映增值税减税政策实施效果。另外，还可进一步用增值税税负率来验证增值税减税实施效果。

A 减税规模大

从 2019 年 4 月 1 日至 6 月 30 日实施增值税降低税率减税以来总量规模分析，3 个月增值税减税额分别为 26.9 亿元、25.1 亿元和 18.8 亿元，合计减税 70.9 亿元。从 3 个月减税情况看，呈现前高后低，但总量规模占今年新出台政策减税总额的 66%。

---

❶ 指不含营改增、免抵调库的国内增值税收入。

B　减税率提高

减税率是减税额与纳税额之比，反映了减税幅度。2019 年 4 月，增值税减税额 26. 9 亿元，当期增值税一般纳税人应纳税额 55. 1 亿元，减税率 32. 8%。2019 年 5 月，增值税减税额 25. 1 亿元，当期增值税一般纳税人应纳税额 68. 8 亿元，减税率为 26. 7%。2019 年 6 月，增值税减税额 18. 8 亿元，当期增值税一般纳税人应纳税额 87. 1 亿元，减税率为 17. 8%。2019 年 4~6 月，增值税减税额 70. 9 亿元，同期增值税一般纳税人应纳税额 211 亿元，减税率 25. 2% = 70. 9/(211 + 70. 9) ×100%，反映了实施增值税减税政策后，增值税减税增幅较大（见表 6-3）。

表 6-3　2019 年 4~6 月减税额和减税率

指　标	4 月	5 月	6 月	二季度
减税额/亿元	26. 94	25. 09	18. 84	70. 87
应纳税额/亿元	55. 11	68. 78	87. 09	210. 98
减税率/%	32. 83	26. 73	17. 79	25. 15

C　税负率下降

税负率是分析增值税负担的主要指标，可分别按纳税额与销售额之比或纳税额与增值额之比计算。2019 年二季度，增值税一般纳税人应纳税额211 亿元，同期 GDP 为 4575. 3 亿元，增值税一般纳税人销售额为 15744 亿元，按 GDP 计算增值税税负率为 4. 61%，按销售额计算增值税税负率为 1. 34%。同没有实施增值税减税时的 1 季比较，一季度增值税一般纳税人应纳税额 287. 1 亿元，同期 GDP 为 3905. 3 亿元，增值税一般纳税人销售额为 15713. 7 亿元，按 GDP 计算增值税税负率 7. 35%，按增值税销售额计算增值税税负率 1. 83%。二季度 GDP 税负率比一季度下降了 2. 74 个百分点，增值税销售额税负率比一季度下降了 0. 49 个百分点。GDP 税负率和销售额税负率两个数据比较均反映了增值税税负率有较大幅度下降，进一步验证了增值税减税政策效果（见表 6-4）。

表 6-4　2019 年二季度与一季度增值税税负率比较

指　标	二季度	一季度
应纳增值税/亿元	210. 98	287. 15
GDP/亿元	4575. 30	3905. 32
GDP 税负率/%	4. 61	7. 35
销售额/亿元	15744. 00	15713. 70
销售额税负率/%	1. 34	1. 83

6.2.1.2 增值税减税行业分析

增值税减税行业分析结果：增值税差异化、结构性减税政策使不同行业减税差异较大，制造业和批发零售业减税率较高，合计减税额占总减税 78.54%。

增值税降低税率减税改革，对适用不同增值税税率产品或项目采取差异化政策，适用16%税率制造业和批发零售业降低税率3个百分点，适用10%税率的部分服务业降低税率1个点，而适用6%税率的部分服务业税率不变。因此，不同行业减税幅度存在较大差异，总体来看实现了确保主要行业税负明显降低，部分实现了确保主要行业税负明显降低，部分行业税负有所降低，即只减不增的预期目标。

A 行业减税率比较

从2019年实施增值税减税政策后行业的数据分析可知，二季度20个大类行业均实现减税，但不同行业减税幅度差异较大，平均减税率为25.15%。减税率从高到低的前6大行业依次为：批发和零售业，42.57%；电、热、燃气及水生产供应业，36.33%；制造业，31.08%；信息传输、软件和信息技术服务业，26.45%；卫生和社会工作，22.95%；采矿业，20.56%。后6大行业依次为：住宿和餐饮，5.92%；房地产业，5.82%；文化、体育和娱乐业，5.15%；金融业，0.21%；教育，0.18%；公共管理、社会保障和社会组织，0.14%。该数据反映出，适用16%税率制造业和批发零售业由于降低税率3个百分点，从而成最大受益行业；也反映了增值税减税作为供给侧结构性改革，主要着力点在于振兴实体经济的政策导向。其中制造业较大幅减税更多使制造业企业受益，而批发零售业较大幅度减税更多地转由消费者受益（见表6-5）。

表6-5 2019年4~6月分行业减税率

指　标	应纳税额/万元	减税额/万元	减税率/%
F 批发和零售业	257968	191220	42.57
D 电力、热力、燃气及水生产和供应业	74678	42618	36.33
C 制造业	850476	383440	31.08
I 信息传输、软件和信息技术服务业	14795	5321	26.45
Q 卫生和社会工作	549	164	22.95
B 采矿业	185334	47973	20.56
A 农、林、牧、渔业	700	147	17.36
G 交通运输、仓储和邮政业	25700	4563	15.08
M 科学研究和技术服务业	19074	2968	13.47

续表 6-5

指　　标	应纳税额/万元	减税额/万元	减税率/%
O 居民服务、修理和其他服务业	8988	1093	10. 84
N 水利、环境和公共设施管理业	3619	346	8. 73
E 建筑业	128571	11714	8. 35
L 租赁和商务服务业	36011	2834	7. 30
H 住宿和餐饮业	5206	327	5. 92
K 房地产业	214791	13276	5. 82
R 文化、体育和娱乐业	2246	122	5. 15
J 金融业	279499	588	0. 21
P 教育	1474	3	0. 18
S 公共管理、社会保障和社会组织	81	0	0. 14
T 国际组织	0	0	0. 00
合计	2109757	708716	25. 15

B　行业减税额比较

受行业销售额、纳税额和减税率三方面因素共同作用影响，减税具有行业集中度高的特点。2019 年二季度，20 个大类行业增值税均实现不同程度减税。减税额占比前 5 大行业分别为：制造业，54. 1%；批发零售业，26. 98%；采矿业，6. 77%；电热水供应，6. 01%；房地产业，1. 87%。前五大行业减税额占比高达 95. 74%，其中制造业和批发零售业两大行业减税占比 81. 08%。

如果将减税占比与纳税额占比对比，不难发现两者之间既有一致性，又有差异性。前 5 大行业纳税额合计占比为 75. 04%，各行业纳税额单独占比分别为：制造业，40. 31%；批发零售业，12. 23%；采矿业，8. 78%；电、热、水供应，3. 54%；房地产业，10. 18%。进一步以减税额占比去除以纳税额占比；制造业，1. 34；批发零售业，2. 21；采矿业，0. 77；电热、水供应业，1. 70；房地产业，0. 18。反差最大的是金融业，纳税额占比 13. 25%，减税额占比 0. 08%，减税额占比与纳税额占比之比仅 0. 01。反映金融业在此次降低增值税税率减税改革中，受益相对较小（见表 6-6）。

表 6-6　2019 年 4～6 月分行业税收与减税占比比较

指　　标	应纳税额占比/%	减税额比例/%	比值
C 制造业	40. 31	54. 10	1. 34
F 批发和零售业	12. 23	26. 98	2. 21

续表 6-6

指 标	应纳税额占比/%	减税额比例/%	比值
B 采矿业	8.78	6.77	0.77
D 电力、热力、燃气及水生产和供应业	3.54	6.01	1.70
K 房地产业	10.18	1.87	0.18
E 建筑业	6.09	1.65	0.27
I 信息传输、软件和信息技术服务业	0.70	0.75	1.07
G 交通运输、仓储和邮政业	1.22	0.64	0.53
M 科学研究和技术服务业	0.90	0.42	0.46
L 租赁和商务服务业	1.71	0.40	0.23
O 居民服务、修理和其他服务业	0.43	0.15	0.36
J 金融业	13.25	0.08	0.01
N 水利、环境和公共设施管理业	0.17	0.05	0.28
H 住宿和餐饮业	0.25	0.05	0.19
Q 卫生和社会工作	0.03	0.02	0.89
A 农、林、牧、渔业	0.03	0.02	0.63
R 文化、体育和娱乐业	0.11	0.02	0.16
P 教育	0.07	0.00	0.01

6.2.2 增值税减税的宏观经济影响分析

模拟和实证计量数据反映，增值税减税对经济拉动、产业结构优化、居民收入分配改善、企业盈利水平提升、科技研发投入增加作用明显，增值税减税积极效应正在逐步显现。

6.2.2.1 增值税减税政策效应传导机制

增值税降低税率改革主要是分别通过政府、居民和企业三大经济主体，对经济运行产生影响（见图 6-2）。

（1）政府层面：增值税减税会减少政府税收收入，从而影响政府支出，而政府支出减少会通过政府投资、消费和进口来直接影响需求和供给，并间接影响经济运行。

（2）居民层面：增值税减税一方面通过影响企业税费成本、商品价格直接影响居民消费；另一方面，通过影响企业税费成本、税后利润、投资决策，从而为居民创造更多就业岗位，就业岗位增加也会刺激就业市场的竞争从而推动工资的上涨，由于增值税降低税率改革对不同人群收入水平的影响会有差异，从而对居民之间的收入分配产生影响。

（3）企业层面：增值税适用税率下降，使企业税负呈下降趋势，而利润呈上升趋势。企业利润上升会吸引投资，而投资增加会进一步刺激进口，同时商品含税价格的下降则会刺激消费，并推进出口。

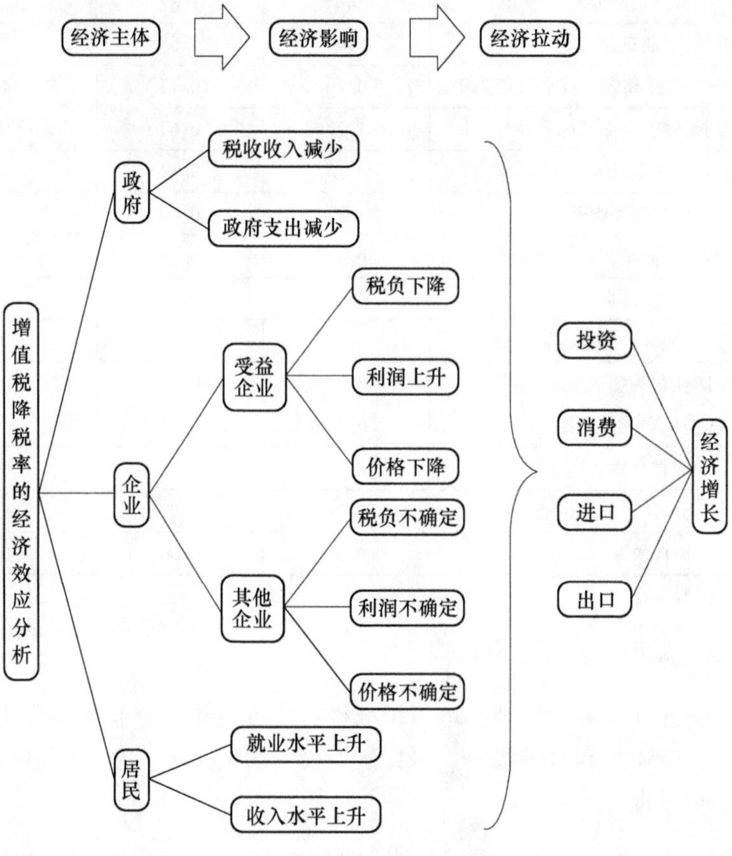

图 6-2　增值税改革对经济影响的传导机制

上述增值税降低税率改革对政府、居民和企业微观层面经济活动产生的直接影响，最终反映在宏观层面投资、消费、就业和进出口贸易，以及对经济增长拉动的影响上。

6.2.2.2　增值税减税政策效应预测分析

根据增值税减税政策，通过 CGE 一般均衡模型，对增值税降低税率减税效应进行预测分析。由于经济主体熟悉政策、投资周期、调整价格，以及合同周期等因素的影响，增值税改革对经济的影响是一个逐步实现的过程。

本节研究内容认为，增值税降税率对经济的主要影响可能需要 3 年左右的时间才能完全释放，这一时间被称之为政策传导周期。关于政策传导周期的研究，是一个复杂的课题，本节内容忽略了政策传导周期的研究，直接研究了增值税降税率政策对经济在长期中的总体影响，具体结果如下。

A　增值税减税政策对主要经济变量的影响

表 6-7 呈现了 2019 年增值税改革对我国主要宏观经济变量的影响，可以看出，增值税改革可以明显刺激经济，这对于辽宁省现阶段稳定经济增速具有重要作用。具体而言，2019 年增值税改革会带动辽宁省 GDP 增长 0. 358%，若以 2018 年数据推算，这相当于使得辽宁省 GDP 增加 90. 6 亿元（见表 6-7）。

表 6-7　增值税减税对主要宏观经济变量的影响　　（%）

指　标	影　响
GDP	0. 358
投资	0. 392
消费	1. 135
进口	1. 514
出口	2. 647
就业	0. 026

减税会降低企业成本，增加企业留存利润，企业利润的增加会起到促进投资、增加就业的效果。如表 6-7 所示，2019 年增值税改革会使得投资增加 0. 392%，使得就业增加 0. 026%。可以看出，增值税改革对投资的刺激作用要大于就业。这主要是因为增值税改革之后劳动力的成本基本保持不变；而对部分不可抵扣进项税的行业或者企业而言，固定资产的投资成本则很有可能会明显下降。

从进出口来看，2019 年增值税改革一方面增加了 GDP 与国内居民的收入水平，拉动了商品的国内需求，从而有利于进口，而不利于出口。另一方面，国内增值税税率下降时国内部分商品价格的下降幅度可能会小于或者大于国外商品的下降幅度，对国内商品价格下降幅度较大的商品而言，这类商品的出口会增加，而进口会减少；对国外商品价格下降幅度更大的商品而言，这类商品的出口会减少，而进口会增加。从结果来看，2019 年增值税改革会使得辽宁省进口增加 1. 514%，使得出口增加 2. 647%，即 2019 年增值税改革对出口的促进作用要大于对进口的促进作用。

减税会通过带动利润、就业增加等方式来提高居民的收入水平，而居民收入水平的提高以及商品价格的变化会共同影响居民的消费水平。通过表 6-7 可以看出，2019 年增值税改革会使得居民消费增长 1.135%，这主要是因为增值税降税率降低了商品的价格。

B　增值税减税政策对产业结构的影响

2019 年增值税改革中原适用 16%税率行业的增值税税率下降了 3 个百分点，原适用 10%税率行业的增值税税率仅下降了 1 个百分点，而原适用 6%税率行业的增值税税率虽然没变，但其进项税额允许加计扣除。因此，本次深化增值税改革对不同行业的影响会有明显差异，所以研究了不同的增值税改革方案对产业结构的不同影响，见表 6-8。

表 6-8　增值税减税对三次产业增加值的影响　（%）

产　业	影响程度
第一产业	0.411
第二产业	0.670
第三产业	0.114

通过表 6-8 可以看出，2019 年增值税改革对第二产业的促进作用最大，可以使得工业增加值增长 0.670%，农业次之，其增加值增长 0.411%，服务业最小，其增加值仅增长 0.114%。服务业之所以增长幅度最小有两方面的原因：（1）本次增值税改革最大的减税政策是 16%增值税税率下降至 13%，在这项改革中工业受益最大；（2）减税之后政府收入与政府支出有所减少，而政府购买主要源自服务业，这对部分服务业的发展具有一定的负面作用。

6.2.3　增值税减税政策的企业效应分析

本书运用固定面板效应模型，使用重点税源中的增值税纳税申报数据，介绍了增值税降低税率减税对企业营业收入、产业结构、经营利润和企业信心等方面积极影响。

减税降费成效不仅反映在统计数字上，更是体现在企业、百姓的“获得感”，以及经济运行状况提升上。数据显示，减税降费的实施从多方面促进经济平稳健康运行。

（1）增值税减税对营业收入影响。重点税源中的增值税纳税申报数据显示，2019 年第二季度增值税降税率显著提高了重点税源企业的营收水平，比一季度提高的幅度约为 3.42%。

（2）增值税减税对企业利润影响。增值税降税率会通过多种方式影响企业的盈利水平，首先，增值税降税率本身就可以降低企业的税收负担，增加企业留存利润。其次，增值税降税率之后，商品含税价格的下降会有利于促进居民消费，而居民消费的增加又会反过来带动企业利润的增长。结合重点税源中的增值税纳税申报数据与企业所得税纳税申报数据，研究显示，增值税降税率会显著提高企业的盈利能力，使得重点税源企业利润率平均提高 1.34 个百分点。

（3）增值税减税对研发支出影响。降低税率会在一定程度上提高企业盈利水平，增加企业的留存利润。然而，企业减税收益是否更多用于研发支出，在我国高质量发展要求背景下尤为令人关注。研究显示，2019 年第二季度重点税源企业研发费用支出 19.2 亿元，涉及户数 417 户，支出金额同比增长 9.7%，环比（比 2019 年一季度）增长 36.8%，户数增加 31 户。另外值得注意的是，一直以来，重视研发的企业会更加倾向于研发投入，而对于不重视研发的企业而言，其留存利润即使大幅增加也极少被用于研发支出。具体而言，就是只有部分企业存在研发支出项目，为此，本课题专门研究了增值税减税，是否有利于引导没有研发支出企业转向关注或重视研发。研究显示，增值税深化改革使 1%的企业开始重视研发，即由完全没有研发支出转变为开始进行研发，从而反映了增值税减税对企业增加研发支出的政策导向作用。

（4）增值税减税对借款合同的影响。在减税降费作用下，企业成本进一步减少，对借款的依赖有所下降。2019 年第二季度，重点税源企业借款合同金额比一季度下降 14.1%，其中 6 月份当月同比下降 7%，9 月份当月下降 18.4%。说明随着增值税减税规模累积效应的不断放大，会在未来一段时间内继续对企业融资成本的下降起到明显的促进作用。

（5）增值税减税对小微企业的影响。2019 年 1 月 1 日，我国增值税起征点由每月 3 万元提高到了每月 10 万元，这必然对营业收入在 3 万至 10 万元之间企业的营收状况产生重要影响。使用辽宁省小规模纳税人的纳税申报数据，并使用倾向得分匹配的双重差分模型进行研究，发现提高增值税起征点可以显著提高辽宁省营业收入在 3 万至 10 万元之间企业的盈利水平，提高幅度在 1.5%左右，并且可以使得 0.8%的企业扭亏为盈。由于增值税小规模纳税人的征收率一般为 3%，因此，这意味着本次增值税起征点的提高，营业收入在 3 万至 10 万元之间企业的获益程度约为减税额的 50%，其余减税收益被下游企业、上游企业或消费者所获得。

7　2019 减税降费政策的直观效应

减税降费切实减轻了企业负担，进一步降低了税费成本，直接提高了盈利水平。所有行业实现了只减不增目标，前 10 个月制造业和批发零售业减税规模最大，分别为 149.1 亿元和 112.6 亿元，分别占减税总额的 33.1%和 25%。全省 28.9 万户一般纳税人平均每户每月减免增值税近 1 万元，应纳增值税税负为 1.63%，比上年同期的 1.86%下降了 0.23 个百分点，下降幅度为 23.7%。3000 户重点税源企业数据显示，前 3 季度重点税源企业的单位营业收入税负同比下降 0.26 个百分点，实现利润同比增长 1%，增速比一季度回升 5 个百分点；1200 户制造企业的财务费用同比下降 7.5%，新增固定资产同比增长 10.8%。

此外，在提高研发费用税前加计扣除比例政策（50%提高至 75%）的激励下，享受研发费加计扣除政策的企业有 3136 户，同比增加 1080 户，增长 52.5%；加计扣除额 105.8 亿元，同比增加 48.3 亿元，增长 84%。全省提高研发费用税前加计扣除比例政策实际减税 14.3 亿元。今年前 9 个月重点税源企业研发投入同比增长 14.8%，有力促进了制造业加快转型升级和创新驱动发展战略的实施。

本章以辽宁省小微企业普惠性政策效应及个人所得税改革政策效应为例，分析 2019 减税降费政策的直观效应。

7.1　小微企业普惠性政策效应

小微企业是发展的生力军、就业的主渠道、创新的重要源泉。小微企业普惠性税收减免措施的推出，有利于降低创业创新成本，增强小微企业发展动力，促进扩大就业，税务部门按照党中央、国务院决策部署，不断深化小型微利企业普惠性所得税减免政策的贯彻落实，让广大纳税人实打实享受到减税政策红利。进一步增强纳税人获得感，全面优化营商环境，促进供给侧结构性改革，推动地区经济进步和社会和谐稳定。现以 2019 年小型微利企业新政策出台后一季度的政策实施情况为着眼点，对政策实施中的情况、效果和问题进行剖析，从而加强政策服务的针对性和精准性，提高政策落实质效。

7.1.1 减免税情况

7.1.1.1 总体情况

根据统计报表，2019年一季度，辽宁省小型微利企业全部申报户数为385753户，实际享受小型微利企业所得税优惠政策的企业户数为57804户，减免税额103176.25万元，户均减免税额1.78万元，政策惠及面100%。其中：

(1) 当期预缴正常申报企业享受小型微利企业所得税优惠政策的企业户数为57589户，减免税额102816.03万元，户均减免税额1.79万元，政策惠及面100%。

(2) 当期预缴未申报企业享受小型微利企业所得税优惠政策的企业户数为0户，减免税额0元，户均减免税额0元，政策惠及面为0。

(3) 当期已完成汇缴申报企业享受小型微利企业所得税优惠政策的企业户数为215户，减免税额360.22万元，户均减免税额1.68万元，政策惠及面100%。

7.1.1.2 因政策调整而新增减免税情况

受放宽小型微利企业标准加大企业所得税优惠力度政策影响，新增的减免税额及相应的企业户数情况统计如下：

(1) 应纳税所得额不超过100万元，且从业人数、资产总额指标符合原标准的小型微利企业户数52916户，减免税额65766.53万元，扩围政策后，新增加的减免税额为16441.63万元。

(2) 应纳税所得额不超过100万元，且从业人数、资产总额指标符合新标准（不含符合原标准）的小型微利企业户数4232户，减免税额18432.24万元，全部为新增加的减免税额。

(3) 应纳税所得额超过100万元但不超过300万元，且从业人数、资产总额指标符合原标准的小型微利企业户数306户，减免税额8448.90万元，全部为新增加的减免税额。

(4) 应纳税所得额超过100万元但不超过300万元，且从业人数、资产总额指标符合新标准（不含符合原标准）的小型微利企业户数350户，减免税额10528.57万元，全部为新增加的减免税额。

根据上述统计情况，受放宽小型微利企业标准加大企业所得税优惠力度政策影响，扩围政策享受企业户数为57804户，新增加减免税额53851.35万元，由此可见政策带来了很大红利。

7.1.2　政策执行情况

7.1.2.1　分行业情况

2019 年一季度，享受小型微利企业所得税优惠政策的企业行业情况统计见表 7-1。

表 7-1　2019 年一季度享受小型微利企业所得税优惠政策的企业行业分布统计表

项　　目	户数/户	户数占比/%	实际减免税额/万元	户均减免税额/万元	实际减免税额占比/%
批发和零售业	22412	38.77	32129.3990	1.4336	31.14
制造业	9402	1627	23439.2987	2.2930	22.72
建筑业	6199	10.72	14487.458	2.3371	14.04
租赁和商务服务业	6901	11.94	9699.2849	1.4055	9.40
交通运输、仓储和邮政业	3311	5.73	5535.3823	1.6718	5.36
科学研究和技术服务业	2636	4.56	5218.0409	1.9795	5.06
信息传输、软件和信息技术服务业	1835	3.17	2702.6666	1.4728	2.62
房地产业	1283	2.22	2577.8275	2.0092	2.50
居民服务、修理和其他服务业	1461	2.53	2024.4864	1.3857	1.96
采矿业	222	0.38	1804.5995	8.1288	1.75
电力、热力、燃气及水生产和供应业	196	0.34	759.0009	3.8725	0.74
住宿和餐饮业	539	0.93	703.7629	1.3057	0.68
文化、体育和娱乐业	434	0.75	579.8068	1.3360	0.56
教育	430	0.74	454.7171	1.0575	0.44
卫生和社会工作	92	0.16	394.5044	4.2881	0.38
水利、环境和公共设施管理业	109	0.19	268.1076	2.4597	0.26
金融业	193	0.33	243.2073	1.2601	0.24
农、林、牧、渔业	142	0.25	136.5575	0.9617	0.13
公共管理、社会和保障和社会组织	7	0.01	18.1382	2.5912	0.02
国际组织	0	0.00	0.0000	0.0000	0.00
合计	57804	100.00	103176.2466	1.7849	100.00

注：实际减免税额、户均减免税额保留 4 位小数。

从一季度享受小型微利企业所得税优惠政策的企业行业分布（见图 7-1）来看，20 个行业中，减免税额占比排名前 5 的行业分别是批发和零售业，制造业，建筑业，租赁和商务服务业，交通运输、仓储和邮政业。减免税额占比前 5 位的行业中，享受小型微利企业所得税优惠政策的企业户数共 48225 户，占比

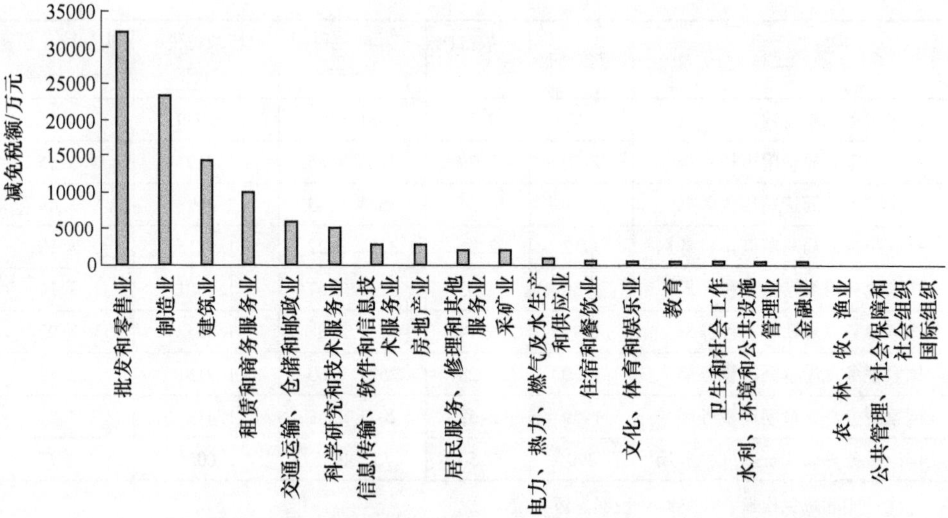

图 7-1　一季度享受小型微利企业所得税优惠政策企业行业分布图

83.43%，其中：批发和零售业 22412 户，制造业 9402 户，建筑业 6199 户，租赁和商务服务业 6901 户，交通运输、仓储和邮政业 3311 户，可以看出，批发零售业和制造业占据辽宁省小型微利享受户数的“龙头”，占比为 55.04%；实际减免税额合计 85290.82 万元，占比 82.67%，其中批发和零售业 32129.40 万元，制造业 23439.30 万元，建筑业 14487.46 万元，租赁和商务服务业 9699.28 万元，交通运输、仓储和邮政业 5535.38 万元，可以看出小型微利企业实际减免税额享受行业集中在批发零售业和制造业，占比达 53.86%。

7.1.2.2　分地区情况

2019 年一季度享受小型微利企业所得税优惠政策的企业分地区统计见表 7-2。

表 7-2　2019 年一季度享受小型微利企业所得税优惠政策的企业分地区统计表

项　　目	户数/户	户数占比/%	实际减免税额/万元	户均减免税额/万元	实际减免税额占比/%
国家税务总局沈阳市税务局	28271	48.91	48595.2495	1.7189	47.10
国家税务总局鞍山市税务局	5164	8.93	9621.9732	1.8633	9.33
国家税务总局营口市税务局	3330	5.76	8336.9036	2.5036	8.08
国家税务总局丹东市税务局	3808	6.59	5612.9874	1.4740	5.44
国家税务总局锦州市税务局	3044	5.27	4702.6962	1.5449	4.56

续表 7-2

项　目	户数/户	户数占比/%	实际减免税额/万元	户均减免税额/万元	实际减免税额占比/%
国家税务总局盘锦市税务局	1997	3.45	3981.8302	1.9939	3.86
国家税务总局朝阳市税务局	2190	3.79	3765.4485	1.7194	3.65
国家税务总局抚顺市税务局	1479	2.56	3563.8743	2.4097	3.45
国家税务总局葫芦岛市税务局	1713	2.96	3291.6022	1.9215	3.19
国家税务总局辽阳市税务局	1750	3.03	3237.7167	1.8501	3.14
国家税务总局铁岭市税务局	1989	3.44	3111.2788	1.5642	3.02
国家税务总局本溪市税务局	1320	2.28	2527.9363	1.9151	2.45
国家税务总局阜新市税务局	1459	2.52	2071.2840	1.4197	2.01
国家税务总局沈抚新区税务局	290	0.50	755.4655	2.6051	0.73

注：实际减免税额、户均减免税额保留4位小数。

从一季度享受小型微利企业所得税优惠政策的企业分地区（见图7-2）来看，呈现不均衡趋势。14个地区中，减免税额占比排名前5的地区分别是沈阳市、鞍山市、营口市、丹东市、锦州市。减免税额占比前5位的地区中，享受小型微利企业所得税优惠政策的企业户数共43617户，占比75.46%，其中沈阳市28271户、鞍山市5164户、营口市3330户、丹东市3808户、锦州市3044户，可以看出沈阳市享受小型微利企业的户数占据第一位，占比达48.91%，符合地区经济发展的特点；实际减免税额合计76869.81万元，占比74.50%，其中沈阳市48595.25万元、鞍山市9621.97万元、营口市8336.90万元、丹东市

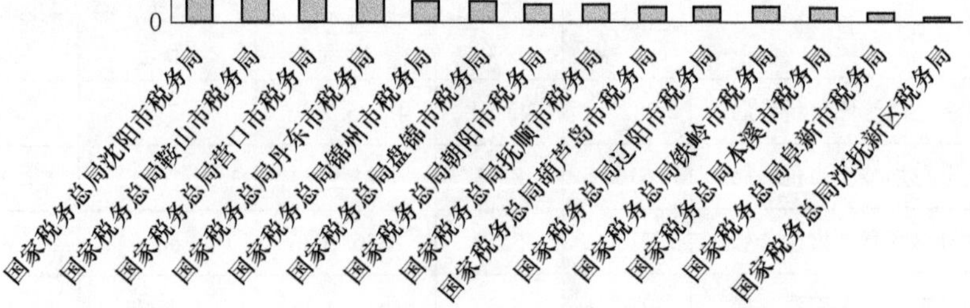

图7-2　一季度享受小型微利企业所得税优惠政策分地区统计

5612.99 万元、锦州市 4702.70 万元，沈阳市小型微利企业实际减免税额占比为 47.10%，与户数占比相当。

7.1.2.3　分企业类型情况

2019 年一季度中，享受小型微利企业所得税优惠政策的企业税务登记注册类型分布情况见表 7-3。

表 7-3　2019 年一季度享受小型微利企业所得税优惠政策的企业分登记注册类型统计表

项目	实际享受企业户数/户	实际减免税额/万元	实际减免税额占比/%
内资企业	57089	101091.0658	97.98
外商投资企业和外国企业	178	950.9058	0.92
非企业单位	384	585.1013	0.57
港澳台商投资企业	76	457.9030	0.44
其他	77	91.2707	0.09
个体经营	0	0	0.00

注：实际减免税额保留 4 位小数。

通过统计情况可以看出，辽宁省内资企业中享受小型微利企业的占比最大，占比达 97.98%，内资企业中详细的统计情况见表 7-4。

表 7-4　享受小型微利企业所得税优惠政策的内资企业统计表

企业类型	户数/户	实际减免税额/万元	实际减免税额占比/%
私营企业（类型代码 170）	41835	67266.6718	66.54
有限责任公司（类型代码 150）	13319	30122.0004	29.80
集体企业（类型代码 120）	891	1599.0887	1.58
国有企业（类型代码 110）	393	1047.3963	1.04
股份合作企业（类型代码 130）	273	408.1055	0.40
股份有限公司（类型代码 160）	121	374.8872	0.37
其他内资企业（类型代码 190）	246	246.4569	0.24
联营企业（类型代码 140）	11	26.4590	0.03

注：实际减免税额保留 4 位小数。

从表 7-4 可以看出，内资企业中私营企业和有限责任公司这两种企业类型享受小型微利企业所得税优惠政策占比最大，私营企业的实际减免税额为 67266.67 万元，占内资企业全部减免税额的 66.54%；有限责任公司的实际减免税额为 30122.00 万元，占内资企业全部减免税额的 29.80%，二者的实际减免税额为 97388.67 万元，占全部减免税额的 96.34%。

上述私营企业和有限责任公司这两种企业类型主要集中在民营企业。整体来看，享受小型微利企业所得税优惠政策的企业中，民营企业户数为 55754 户，占全部享受户数的 96. 45%(见图 7-3)；民营企业享受的实际减免税额为 98228. 25 万元，占全部企业享受实际减免的 95. 54%。

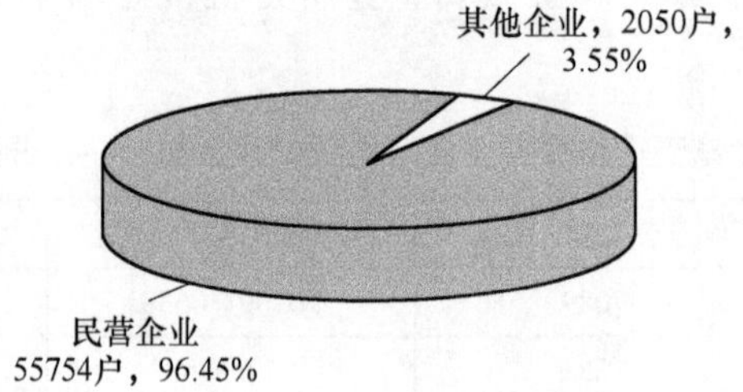

图 7-3　民营企业占比图

由此可见，新政策对民营企业所带来的效应是最大的，给民营企业减轻了税收负担。

7.1.3　政策效应分析

7.1.3.1　小型微利企业盈利情况

从小型微利企业申报总体情况来看，申报企业中，小型微利企业全部户数 385753 户，其中：盈利企业户数为 57864 户，零申报企业户数为 172188 户，亏损企业户数为 155701 户，盈利面为 15%，由此可以看出辽宁省小型微利企业整体的盈利面偏低，零申报企业和亏损企业占比较大。主要是由于一方面大量的小型微利企业不但规模小、实力弱，又分散经营、关联度低。同时，小型微利企业的经营管理大部分还停留在家族式管理模式，粗放简单，运作不够规范，财务核算等制度不够健全，行业自律管理不够完善，信息资源有限，很容易出现无序发展和恶性竞争导致小型微利企业内在素质矛盾突出，市场竞争力明显缺乏；另一方面各项小型微利企业扶持政策虽然激发了大众创业的热情，企业数量急剧增加，但是大部分企业都是有名无实，并未开展经营。

7.1.3.2　新政促进经济社会发展情况

通过对小型微利企业整体享受情况的分析可以看出，全部纳税申报户中，小型微利企业占比达 94. 93%，由此可见，小型微利企业为经济健康、持续、快速增长提供重要动力，针对小型微利企业发展中面临的生产经营压力加大、融资困难和税负偏重等突出问题，国家出台了新的一轮减税降费政策，加大对小型微利企业支持力度，取得明显成效。

A　减轻企业负担，助力民营企业发展

减轻小型微利企业负担，推动企业发展，一直是政府的重要工作部署。2018年11月，习近平主席在民营企业座谈会上的讲话中指出，要不断为民营经济营造更好的发展环境，帮助民营经济解决发展中的困难，支持民营企业改革发展。从申报享受情况来看，享受小型微利企业所得税优惠政策的企业中，民营企业达55754户，占全部享受户数的96.45%，享受的实际减免税额为98228.25万元，由此看出，政策的出台为民营企业创造了更充分的市场空间，从实质上降低了企业负担。

B　吸纳就业效果显著，促进社会和谐稳定

小型微利企业标准提高后，吸纳的就业面更广，其在促进就业方面有着突出贡献。国家出台的税收优惠政策有助于小型微利企业的发展，支持小型微利企业发展也就意味着创造更多社会就业岗位，有利于维护社会和谐稳定，充分发挥出了小型微利企业吸纳社会就业“主渠道”的重要作用。

C　小型微利企业户数占比大，突显大众创业热情

一季度申报数据显示，全部纳税申报户中，小型微利企业共计385753户，占比达94.93%，数量庞大的小型微利企业占据着市场主体，是经济持续稳定增长的坚实基础。包括税收优惠在内的各项小型微利企业扶持政策激发了大众创业的热情，得到了社会广泛认同。

D　小型微利企业在第三产业中占比高，促进了经济转型

从税收数据分析显示来看，小型微利企业中的第三产业323441户，占小型微利企业的83.85%，占全部企业的79.60%，是第三产业的主体力量。同时，从第三产业享受小型微利企业所得税政策来看，72.4%属于批发和零售业、租赁和商务服务业等行业。这类企业特点是规模小，转型灵活，更接近市场，更有利于转型期的市场经济发展，保持市场的活力和稳定。第三产业的扩源增流逐渐成为推动辽宁省经济转型调整的主导力量。

7.2　个人所得税改革政策效应

个税改革增加了收入，助推了消费需求增长。两步个税改革政策减税规模为87.1亿元。其中，提高基本减除费用标准和调整税率政策减税75.3亿元，惠及563.4万人，累计人均减税1337元；专项附加扣除政策减税11.8亿元，惠及168.3万人，累计人均减税702元。2019年上半年，辽宁全省社会商品零售总额

增长 6%，比一季度上升了 0.4 个百分点。据京东大数据研究院统计，2019 年“618 促销”期间，辽宁省累计消费金额排名全国第 13 位，比去年在全国排名位置提高了 1 位。

7.2.1　基本情况

2019 年 1~6 月，辽宁省组织个人所得税收入 56.22 亿元，同比减收 34.74 亿元，降幅 38%。按照税务总局减税方法进行测算，截至 5 月属期，辽宁省个人所得税改革累计减税金额 31.32 亿元（不包含累计预扣法减税数据），累计有 156.99 万人的工薪所得无须再缴纳个人所得税。工资薪金所得有税纳税人数由税改前的 316.40 万人减少到 159.40 万人，减少 49.62%。

基本扣除费用标准由 3500 元提高到 5000 元并实行新税率表，减税 27.73 亿元，工资薪金所得有税减税人减少 97.17 万人，减少 30.71%；实施专项附加扣除政策减税 3.59 亿元，有税纳税人数减少 59.82 万人，减少 27.29%。

随着时间累进，辽宁省减税幅度整体呈递减的总趋势。

7.2.2　减税分析

2019 年上半年，辽宁省个人所得税改革工作进展顺利。按照总局减税核算分析工作思路，个人所得税减税数据统计按照税改工作进程，分政策因素进行统计。

7.2.2.1　基本减除费用提高适用新税率表减税分析

个人所得税基本扣除费用标准由 3500 元提高到 5000 元并实行新税率表。据统计，受益于该政策，2019 年上半年辽宁省有 97.17 万纳税人无须缴纳个人所得税，有税纳税人相比税改前减少 30.71%。

按照税务总局减税方法进行测算，截至 2019 年 5 月属期，辽宁省该政策减税 27.73 亿元，有 323.86 万纳税人享受到减税政策。分所得项目看具体减税情况，其中工资薪金所得减税 27.22 亿元，316.4 万纳税人受益；经营所得减税 5145.5 万元，7.46 万纳税人受益。

7.2.2.2　专扣政策及累计预扣法减税分析

个人所得税改革，贴合纳税人实际，实行六项专项附加扣除政策，从民生角度赋予纳税人更多的税收优惠。据统计，受益于该政策，2019 年上半年辽宁省在基本减除费用提高并适用新税率表政策的基础上有 59.8 万纳税人无须缴纳个人所得税。

专项附加扣除政策累计减税 3.59 亿元，实际享受专项附加扣除 110.34 万人。其中有 53.96 万纳税人享受一项专扣政策，相比税改前减税 6.6 亿元，减税 57%；44.51 万纳税人享受两项专扣政策，相比税改前减税 7.19 亿元，减税 59%；14.52 万纳税人享受三项专扣政策，相比税改前减税 3.23 亿元，减税 59%；3690 名纳税人享四项专扣政策，相比税改前减税 0.1 亿元，减税 58%（具体统计情况详表 7-5）。

表 7-5　辽宁省享受专项附加扣除政策减税情况统计表

项目	享受人数/人	税改前应纳税额/亿元	税改后应纳税额/亿元	减税金额/亿元	减税幅度/%
享受一项	539582	11.61	5.01	6.6	57
享受两项	445054	12.14	4.95	7.19	59
享受三项	145193	5.46	2.23	3.23	59
享受四项	3690	0.17	0.07	0.1	58
合计	1103395	128.12	104.24	23.88	19

按照税务总局减税方法进行测算，截至 5 月属期，累计预扣法累计减税 11.31 亿元。

（1）从年龄区间看：36~50 岁年龄段纳税人群享受专扣人数最多。通过统计辽宁省前 5 个月减税数据，46~50 岁年龄段的纳税人群享受专扣的人数最多，有 23.14 万人，税改合计减税 4.33 亿元，减税 52%；其次是 36~40 岁年龄段，实际享受专扣政策的人数为 20.04 万人，税改合计减税 4.13 亿元，减税 58%；随后是 41~45 岁年龄段，实际享受专扣政策的人数为 18.14 万人，税改合计减税 3.40 亿元，减税 55%。36~50 岁年龄段合计 61.32 万人实际享受专扣政策，占享受专扣总人数的 56%；税改合计减税金额 11.86 亿元。由于 36~50 岁这个年龄段的人群正处于人生的承上启下阶段，面临着上有老、下有小、自身还房贷的现实，享受着赡养老人、子女教育、住房贷款等专扣政策。

（2）从行业看：第三产业实际享受专扣人数最多。辽宁省有 110.34 万纳税人实际享受专项附加扣除政策，其中第一产业 3044 人实际享受专项附加扣除政策，税改合计减税 590 万元，减税 58%；第二产业 38.87 万人实际享受专项附加扣除政策，税改合计减税 8.17 亿元，减税 54%；第三产业 71.61 万人实际享受专项附加扣除政策，税改合计减税 15.66 亿元，减税 14%。第二产业中的制造业 25.21 万人实际享受专项附加扣除政策，为享受专扣人数最多的行业，该行业税改合计减税 5.08 亿元，减税 51%。第三产业实际享受人数最多，约占实际享受总人数的 64.9%，其中公共管理、社会保障和社会组织 14.30 万人实际享受专项附加扣除政策，税改合计减税 62%；教育业 13.60 万人实际享受专项附加扣除政策，税改合计减税 73%；金融业 8.57 万人实际享受专项附加扣除政策，税改合计减税 40%。

7.2.3　对年度收入情况的影响

减税降费为纳税人带来了实实在在的减税红利，却也对辽宁省今年组织个人所得税收入带来了困难与挑战。目前辽宁省各地 2019 年上半年个人所得税收入整体呈现同比减收态势，收入形势不太乐观。通过对 2019 年上半年数据进行分析，在个人所得税普惠性减税的前提下，存在着增收的可能性。

7.2.3.1　经济增长因素

辽宁省统计局发布的《2019 年 1~5 月辽宁国民经济主要指标》可以看出，辽宁省主要经济指标运行良好。其中全省社会消费品零售总额实现 6045.1 亿元，比 2018 年同期增长 5.6%。此外，辽宁省各地陆续出炉的 2018 年度社会平均工资呈现出辽宁省经济稳中向好的总趋势。以省会沈阳为例，2018 年全市月社会平均工资为 6633.33 元，比去年同期上涨 641.83 元，增长 10.7%。

在辽宁省经济稳步增长的大环境和减税降费的大潮流双重背景下，各行各业的工薪水平会有不同幅度增长，势必会带动个人所得税税收收入的小幅逆势增长。

7.2.3.2　外籍人员因素

相比居民纳税人，外籍人员中的非居民纳税人从新个人所得税法获取的优惠程度不是很大。相比旧法，非居民纳税人的基本减除费用标准由 4800 元提高到 5000 元并试用新的税率表，不享受专项附加扣除政策。按照税务总局减税方法进行测算，2019 年前 5 个属期，外籍人员的正常工资薪金同比增收了 427.9 万元。考虑到外籍人员大部分都属于高薪金人群，随着企业发放半年奖、年终奖，外籍人员的个人所得税税收收入还会增长。

7.2.3.3　一次性因素

企业给个人分配的股息红利，在时间上有较大的随意性，影响收入的可比口径，但从全年的时间长度看，减税降费给企业减轻了负担，赋予企业更多的活力，企业经济效益的好转会增加分配股息红利的机会，带动个人所得税收入的增长。此外，个人转让大额财产、中彩等偶然所得等也会带来个人所得税的增收。

第 3 篇

减税降费政策的落实与推进

JIANSHUI JIANGFEI ZHENGCE DE LUOSHI YU TUIJIN

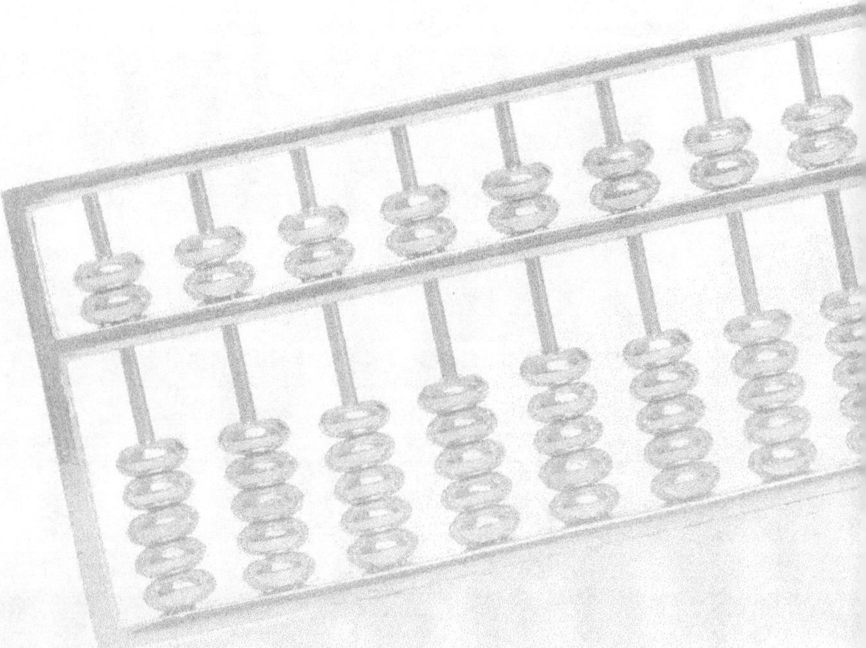

8 减税降费与经济运行

8.1 减税降费与深化征管体制改革

减税降费政策的落地生根，需要强有力的征管服务体系作保障。2018 年国税地税征管体制改革以来，税费共管、协同共治的现代税收征管体系初步建立，为实施更大规模的减税降费提供了坚实的体制保障；同时，通过落实减税降费政策，检验了国税地税征管体制改革的成效，实现了减税降费与税收征管体制改革的良性互动。

（1）税收征管体制改革为落实减税降费奠定坚实基础。税收征管体制改革形成的系统完备、科学规范的职能体系为减税降费提供重要的机构保障和制度保障，工作效率的提升在减税降费中得以充分显现，对落实减税降费起到了打基础、管长远、提效率、保成效的作用。国税地税机构合并后，步入“同一个轨道”，处在“同一个频率”，“一窗办”“一网办”“一次办”的普遍推行，实现了税费信息共享、多部门协同管理，大大释放了减税降费政策红利。

（2）减税降费检验税收征管体制改革的成效。在落实更大规模减税降费政策措施的过程中，各级税务部门紧紧围绕“事合、人合、力合、心合”，勠力同心，攻坚克难，确保各项税收优惠政策有效落实，企业的税费成本进一步降低，盈利水平得以提升，供给侧结构性改革成效有力巩固，全面检验了征管体制改革“四合”的成效。例如，小微企业享受普惠性税收减免政策，税务机关通过“一个尺度”“一个标准”执法，流程简化，效率提高，切实维护了纳税人合法权益。

（3）推动减税降费与税收征管体制改革的良性互动。一方面，继续巩固税收征管体制改革成果，不断提升减税降费成效。以落实减税降费为契机，继续全面深化税制改革，优化税制结构，建立支撑高质量发展的税制体系；继续改革完善税收征管方式，实施“信用+风险”动态监控管理，健全以信用为基础的税收监管机制；继续着力于提升税务人员素质，优化人力资源配置；继续加大税务系统简政放权力度，推动税务系统“放管服”改革提质升级；继续强化大数据分析应用，以税收信息化助力精准施策；继续凝聚社会共识，形成社会共治格局，为持续提升减税降费效能奠定更坚实的基础。另一方面，要通过落实好减税降费政策，稳步推进非税收入和社会保险费征收体制改革，从而推动税收征管体制改革不断走向深入，全面高质量地实现“事合、人合、力合、心合”的目标。

8.2　减税降费与政策优化

减税降费政策制定执行之后，需要及时进行科学评估，准确判断政策成效和目标实现情况，查找不足并予以改进。通过政策优化，可以进一步提升减税降费的成效，有助于减税降费目标的实现。同时，随着国内经济发展和“放管服”改革的深入推进，对减税降费政策相应地也提出新的更高要求。直击改革痛点、直达市场主体、直面鲜明目标的减税降费，需要将现行政策中不适应当前形势变化的内容进行调整优化，才能更好地发挥税收在国家治理体系中的基础性、支柱性、保障性作用。

（1）建立减税降费政策评估体系。任何政策都有一定的适用范围，政策实施过程中一些政策资源发生改变，原有的政策局限性也随之暴露产生；政策实施主体的认识水平也在实践中不断提高，原有预设的政策环境也可能出现与现实不完全符合的情形，因此只有根据内外部综合环境变化不断优化调整政策，才能发挥政策的最大效应。当内外部环境变化时，就需要对现行的政策进行评估调整。建立健全减税降费政策评估体系，加强事前、事中、事后评估，明晰改革效应的“总分账”及经济社会的“效益账”。通过政策评估分析政策执行是否达到其设计初衷，对不足的部分进行优化调整，及时纠正减税降费政策制定和执行过程中存在的偏差，从而提升决策的科学化和民主化水平，促进公共资源的合理有效配置。

（2）根据评估情况对减税降费政策进行优化改进。作为国家的重要战略部署，随着国内简政放权、优化营商环境政策的深入推进，减税降费政策也需要立足当下，着眼未来，将不适应“放管服”要求的部分进行优化，并为今后税制改革打下基础。这就需要从科学、全面、客观的政策评估入手，构建政策评价与优化调整的联动机制，对于发现的政策执行问题及时进行调整优化，不断强化减税降费政策正效应。结合税收法治化要求，结合税制结构改革，结合短期和中长期社会发展，在今后政策制定和执行过程中需要充分考虑执行操作性因素，进一步降低减税降费的制度实施成本。

8.3　减税降费与提升纳税人获得感

落实减税降费与提升纳税人获得感是相辅相成、互联互促的正相关关系。减税降费把更多资金留给企业和个人，直接提高纳税人获得感。获得感提高，激发企业和个人信心，增强企业投资和个人消费能力，从而也有助于达成减税降费的目标。提升纳税人获得感是“以人民为中心”“让人民群众有更多获得感”在税收领域的直接体现。为此，在落实减税降费工作中，应特别关注纳税人获得感的问题，并采取有效措施提升纳税人获得感。

（1）提升公正执法、公平施策水平。针对因政策性原因（销项税额下降幅度小于进项税额下降幅度）增税负、利用政策漏洞以分拆小微企业形式少缴税等问题，精准施策，及时化解，有效提升纳税人获得感。一是关注增税负行业或领域的增负原因和持续性，处理好行业整体税负与个别企业税负的辩证关系。二是及时评估滥用减税降费政策优惠造成的负面影响，采取针对性措施，遏制恶意避税势头蔓延。

（2）提升办税服务便利度。针对个别地方仍存在办税不够简便快捷，咨询答复不确定，纳税人缴税（费）渠道较少，便利度与时代不符等问题，建议增强电子税务局指引功能；简化涉税事项操作；配强 12366 人员，增加专家级团队服务；畅通云闪付、支付宝、微信等缴费渠道，实现“线下、线上、移动、自助”全缴税费方式。

（3）强化绩效考核作用。针对绩效考核个别考核目标制定与征管实际存在差异等问题，部署工作任务时，涉及纳税人权利义务事项时，应充分考虑纳税人差异性和不同需求，尊重纳税人对权利事项的选择权。

（4）强化减税降费政策的宣传辅导。针对新税收优惠政策多样性、复杂性、专业性和变化快的实际情况，纳税人“政策掌握不准，怕担责”“事后审核检查，怕增负”等问题，分类施策，精准应对。一是大力提高税法宣传的精准度和针对性。税收优惠政策的受众不同，税法宣传、政策辅导的方式及方法也应灵活多样，探索建立以“互联网+政策宣传解读视频”为主体的税法宣传模式。对在执行中反映问题较多、落实难度较大的政策，加强与纳税人和缴费人互动式沟通交流，加深其对政策的理解，并积极查找政策执行中的症结，有针对性地加以改进，推进政策更好地落实落地。二是坚持“无事不扰”原则，对享受优惠政策的纳税人，健全以信用为基础的“信用+风险”动态监控管理机制，打消纳税人享受优惠政策的顾虑。

8.4 减税降费与减轻基层税务人负担

税务部门是落实减税降费的“主攻手”。基层税务部门处于联系广大纳税人、缴费人的第一线，是确保减税降费政策措施落地生根的“主力军”。落实减税降费政策，要特别注重科学化、精细化、规范化，切实减轻基层税务部门和税务人员额外的工作负担，切实增强税务干部的职业认同、行业认同、价值认同，助推减税降费政策落地生根。

（1）减轻基层负担有助于减税降费政策落地生根。全面减轻基层负担，有利于释放生机活力，提升减税降费政策落实质量；反之，则会降低工作质效。保持基层负担在合理范围内，有利于充分调动税务人员的积极性、创造性，使减税降费政策落实得更好，从而为纳税人和缴费人带来更多获得感。

（2）落实减税降费不宜增加基层额外工作负担。实践表明，基层工作量有一个限度，一旦超过限度，工作质效可能会出现下降。因此在落实减税降费过程中，要特别注意加强工作统筹，避免工作多头布置、资料重复报送，让一线人员得以将更多精力投入减税降费具体落实工作中去。

（3）多措并举减负让基层有更多获得感。一是科学规范，加强顶层设计。处理好税收法定性和政策灵活性的关系。从顶层设计着手，科学简化税制，及时把经过实践检验的减税降费政策上升为税收制度性安排，减少政策“打补丁”。简并工作安排，合并同类事项，对下打包推送任务，减少基层额外工作量。二是创新实践，建立高效征管模式。鼓励基层探索创新，以税费数据流为核心，实施征管流程再造，并依托信息化手段创新数字征管模式，以专业征管团队，辅以先进流程和手段，最大限度解放基层人力，提高工作质效。三是科技兴税，加快智慧税务建设。充分运用互联网、大数据、云计算、人工智能、5G 等技术提高工作效率，减少基层工作量。

（4）人文关怀让基层有更多幸福感。一是关心基层人员工作生活。坚持严管和厚爱相结合，提供良好的生活、工作和学习环境，注重身心健康，发现苗头问题，及时心理辅导。坚持用感情牵系人、用事业挽留人、用荣誉激励人、用待遇吸引人，不断提升基层干部荣誉感、归属感、幸福感。二是健全培养使用机制和容错纠错机制。加大学习培训力度，充分调动广大基层税务干部的工作积极性、创造性。全面落实税务系统容错纠错实施办法，切实解决问责泛化、简单化问题，进一步激励基层积极担当作为，勇于创新实践。

8.5　减税降费与依法征收职责

十八届四中全会强调“行政机关要坚持法定职责必须为”。依法征收与落实减税降费并不矛盾，可以说是相辅相成的。既要坚决落实好各项减税降费政策措施，促进经济与税收协调健康发展，又要依法征税收费，为经济高质量发展提供稳定的财力保障。减税降费与组织收入均为税务部门的法定职责，都要在法律框架内实施，都应充分体现税收法定性。

（1）依法征收与落实减税降费关系密切、相辅相成。坚持依法征收，提高征管质效，减少税收流失，确保国家税收安全是税收法定职责，也是确保减税降费政策落地的前提和基础；落实减税降费，并非意味着放弃依法征收、弱化税收征管，落实好减税降费，把该减的税减到位、把该降的费降到位、把该征的税费依法依规征收好，同时坚决打击虚开骗税，有利于建设更加良好的税收秩序，有利于提升依法征收水平。

（2）对法定的坚守是妥善处理二者关系的基石。税费征收与落实减税降费，均须依法依规实施。坚持法定原则，依法打击偷逃骗税等违法行为，是对守法纳税者的公平承诺，是税收法制公正的集中体现，而依法依规落实减税降费，也是确保纳税人充分享受改革红利的内在要求。当前，坚守法定原则落实减税降费，就要严格规范组织收入和税收征管行为，严禁以各种形式提前征税收费，不折不扣落实各项税费减免政策。

（3）持续强化依法征收，促进减税降费有效落实。坚持“以人民为中心”，切实履行法定职责，保障减税降费有效落实。突出政策落实的法定性，坚持严格执法，不折不扣落实到位。围绕征管规则、程序、救济及追责等，不断健全完善税收法制体系，为减税降费提供法定化、规范化保障。同时，进一步完善问责机制，倒逼依法征收和减税降费职责履行到位。

8.6 减税降费与税收征管保障

落实减税降费，需要坚强有力的征管配套措施加以保障。2018 年税收征管体制改革后，税务机构整合、力量聚合、人心融合，部门共治体系更加完善，税收征管保障不断加强，减税降费得以有效落实。正确把握减税降费与税收征管保障之间的关系，有助于精准实施减税降费，提升减税降费质效。

（1）“减免”与“管控”辩证统一。从税收制度视角看，减税降费政策与征管保障措施的关系近似于税制与征管的关系。减税降费政策是工作目标，征管保障措施是实现路径。税收征管始终围绕“应纳税额”的合法性与准确性展开，“应纳税额”始终是“减免税额”的被减数。征管保障措施是减税降费政策落地的途径，必须服从并服务于减税降费政策目标的实现。减税降费政策制定也应当考虑征管保障措施的可行性与可操作性，其顺利落实有助于提高征管效率，降低税收流失风险。在有效管控税收风险的前提下，协调好减税降费政策的“放”与征管保障措施的“管”的关系，“管得住”才能“放得开”，才能放而不乱；“放得开”促进“管得住”，将通过“放”节省出的征管资源，投入有效监管之中，实现“管得好”。

（2）税制上的“减税”与征管上的“简税”整体设计。税制与征管制度的设计应当贯彻“简化税制、简便征管”的原则，在减税降费政策目标的统领下，税制上的“减税”与征管上的“简税”应当整体设计，同步实施，同频共振，充分发挥政策的叠加效应，以期实现纳税成本降低，征管效率提高，不断增强纳税人、缴费人的获得感。在落实减税降费政策过程中，简化征管流程，提高征管效率，降低纳税成本，同样可以为纳税人节省支出，并进一步增强减税降费效果。要不断创新征管措施，有效保障减税降费政策落地。比如通过健全税收分类分级管理制度、简化减税降费征管流程、推进电子税务局建设、提升大数据分析监控能力、强化税费共治格局，使得征管保障措施同向发力，确保减税降费政策落地生根。

(3) 坚持问题导向与目标导向相统一，统筹推进税制与征管改革。要注重税制与征管的适配性，加快完善“简税制”与“低税率”并重的税收制度体系，为减税降费提供制度保障。比如在增值税和某些地方税种等税收实体法立法工作中，一方面要适度降低税率、合理负担；另一方面要注入简化税制的内容，例如简并计税依据、赋予纳税人自主享受税收优惠权利、减少前置条件过多的特殊税收优惠、以纳税人举证义务替代繁杂的涉税资料备案等。要进一步梳理减税降费落实障碍问题，持续深化征管改革，进一步厘清征纳双方权利与义务，完善兑现税收优惠方面的内容；以风险管理为导向，重组办税服务、税源管理、风险监控和风险应对的业务流程；围绕构建税收共治格局，将政府有关部门、行业协会、中介机构和税收利益相关方引入征管运行机制中，建立多元、开放、合作的税费征管体系。要找准信息技术支撑短板，依托大数据、云计算和人工智能技术，围绕“互联网+税收征管”，优化税费征收模式，拓展电子税务局缴纳渠道，为落实好减税降费提供更强大、更有力的征管保障。

8.7　减税降费与地方财力保障

落实减税降费与地方财力保障是短期“减收”长期“增收”的动态相关关系。实施更大规模减税降费，能够提高潜在 GDP 增长率，在落实减税降费过程中，既要开源节流，挖掘潜力，确保财政平稳运行；又要保持战略定力，坚定不移地执行减税降费政策，用短期税收的“减”来换取长远发展的“增”。

(1) 减税降费与财力保障的辩证关系。短期看，减税降费会给财政带来一定缺口，导致财政压力增大，加剧财政运行风险。长期看，一方面，减税降费有助于激励大众创业、万众创新，激发社会投资创业热情，使市场主体数量增加，市场主体活力增强，居民消费能力提升，为扩大税基奠定基础；另一方面，减税降费减轻了企业成本负担，有助于企业扩大生产经营规模，提高企业盈利能力，促进经济增长和财政增收，最终实现经济持续增长，税源不断扩大，财力也会得到保障。

(2) 防止变通“增费”抵消减税成果。因经济下行压力加大、减税降费政策效果显现等因素影响导致财政收入增速放缓，收支平衡压力大。由于地方财政预算编制时间较早，对大规模减税降费的力度估计不足，这一局面将会影响减税降费政策的落实。地方各级税收收入预算较财政部代编的都有提高，税务部门面临既要落实减税政策又要完成预算指标的两难境地，给地方政府和财税部门带来双重压力。当前在财政支出刚性的约束下，大规模的减税措施很有可能诱使部分地方政府通过加大非税收入征收来弥补财政缺口，甚至个别地方已经出现了“增费”现象。必须认真加以关注并对违规收费行为及时处理制止，严防减税降费政策红利被乱收费蚕食。

（3）多措并举提升地方财力保障能力。近期，中央出台了减税降费背景下调整中央与地方收入划分的主要改革措施，包括保持增值税五五分成比例稳定，调整完善增值税留抵退税分担机制和后移消费税征收环节并稳步下划到地方，为减税降费落地提供了重要保障。即使如此，各级政府依然要牢固树立过紧日子的思想，统一思想认识、提升政治站位，从“上、下、内、外”四个方面保障地方财政平稳运行。一是加大财政转移支付力度。中央在压缩本级一般性支出的基础上，还可以通过特定金融机构和国有企业上缴利润等多种渠道盘活国有资产等方式增加收入。中央财政通过增加调入预算稳定调节基金、适当增加赤字规模等，加大对地方转移支付力度，使地方财政保障能力不断增强，缓解地方财政下行压力。二是深挖地方收入潜力。通过盘活财政存量资金和政府存量资产、增加地方国企利润上缴等方式，缓解地方财政减收压力，保障减税降费政策落实。同时，鼓励地方财政部门多渠道开源节流，提高国有资本经营预算调入一般公共预算比例，努力实现预算收支平衡。三是硬化预算执行约束。大力压减地方政府一般性支出，严控“三公”经费。对难以完成全年收支的地方加强指导，在触发预算调整条件时，依法依规调整预算。四是堵漏增收开辟新的税源。依法加强税收征管，应收尽收，严厉打击偷逃骗税行为，营造公平税收环境。推进完善地方税体系建设，开辟新的地方税源。

8.8 减税降费与构建税收共治体系

从一般政策执行的过程来看，作为集合公共利益的政府需要发挥各个政府职能部门的优势和作用，才能最大限度地将一项政策执行到位，落实到位，才能避免政出多门，难以落地。2019 年国家实施更大规模的减税降费是综合性“一揽子”政策，如各类享受优惠政策主体的判定、个人所得税六项专项附加扣除政策的实施等，这些政策的落地实施需要各个部门的协同配合，协力推进。

（1）不同行政资源相互协作是实现减税降费治理的基础。减税降费是实现国家治理现代化的重要一环。国家治理不是无效率无成本的治理，需要利用相应的公共行政资源来实现。由于不同政府部门有各自的行政资源和专业优势，而税务部门又不能完全占有全部的公共行政资源，落实减税降费既需要税务部门发挥“主力军”作用，更需要其他部门利用各自的行政资源协同共治。只有税务部门和其他部门互相支撑，互相促进，协同配合，合力做大做强减税降费红利蛋糕，才能打好减税降费攻坚战，提升国家治理的效率。

（2）税收共治体系逐步建立。近年来，“税收共治”的理念进入人们的视野，并初步形成共识，人人参与、税费共管、协同共治的税费征管新格局逐步形成。例如，《个人所得税法》要求税务部门与公安、银行、教育、民政、社保等部门实现个人涉税信息的共享，《环境保护税法》要求生态环境主管部门和税务机关应当建立涉税信息共享平台和工作配合机制，《资源税法》要求税务机关与自然资源等相关部门应当建立工作配合机制。法定的部门间行政协助机制初步形成，为落实减税降费提供了法治前提。

（3）政策执行的协同。减税降费政策涉及社会各个主体的利益调整变化，特别需要在政策执行过程中的部门统筹推进。当前部分地区在政策执行过程中部门协同配合程度还不平衡，仍有较大的提升空间。一些地区部门间数据共享不充分，造成个别地方遵从成本偏高。

（4）加快构建税费协同共治体系，深化落实减税降费。由党政统领、各部门协力，统筹推进各项工作，是中国特色社会主义制度优势的充分体现。综合治税是探索经济治理中的共治机制，推动国家治理现代化的重要尝试。在落实减税降费的过程中，各级政府部门需要提升站位、统一认识，打破部门资源的壁垒，实现相关职能部门的协同配合，营造良好的减税降费政策执行环境，促进减税降费政策顺利实施。税务部门也要因势利导、统筹兼顾，通过激发活力和相互构建的方式，争取理解和支持，提升税收治理的科学化、精细化水平，从而确保减税降费政策全面落实到位，切实降低社会经济实体的制度性交易成本。同时要以减税降费共同治理为契机，加快构建税费协同共治体系，并为今后的税收征管改革打好基础。

8.9　减税降费与统筹监督考核

减税降费政策推进需要统筹监督来保障。为了提高减税降费政策目标的实现程度，及时纠正政策过程中的偏差，一方面需要切实有力的执法监督来保障，另一方面需要统筹监督考核来提升监督的效果。

（1）减税降费政策需要统筹监督来保障。政策监督涉及政策各个环节，相应就有不同层次的多样性的监督主体和特定监督客体。在我国现行体制下，政策监督的主体包括立法机关、司法机关、行政机关、政党系统、公众和传媒等。这种监督就需要进行部门间统筹协同，避免多头监督，造成不必要的混乱。实施更大规模减税降费涉及政策实施对象即社会各个主体利益的重新分配和调整，本身具有一定的专业性和特殊性，就更需要各级各部门之间明确政策监督指向，统筹进行各个层面各个环节的监督检查，避免各自为政，避免形成让政策监督客体无所适从的局面。

（2）监督的协调性。2019 年各地在建立监督考核协作机制上开展了很多有益的探索，也取得了较大的成效。但是应该看到，也有部分地区在减税降费政策监督过程中统筹协调不足，税务部门自身监督考核统筹不够，税务部门与外部门之间监督考核统筹也不够，导致多头检查、重复检查的现象时有发生。个别地区的监督考核目标过高、缺乏容错纠错机制等，一定程度上影响了政策监督效率，难以达到保障政策实施的应有目的。

（3）统筹监督考核、提升效能。2018 年 10 月，中办印发了《关于统筹规范督查检查考核工作的通知》，要求严格控制监督检查的总量和频次，更多要注重工作的实绩方面的检查考核。统筹开展减税降费政策监督，需要对标中央要求，科学的监督考核机制。具体来说，就需要明确监督的目标指向，避免重复监督、多头检查，区别对待日常税收工作和具体税收执法行为，把有限的公共行政资源投入到减税降费政策实施过程中，确定合理的监督考核目标，明确容错纠错机制，以点带面，从而切实提升减税降费政策的监督效果。

9 减税降费政策落实中的情况

9.1 增值税税负情况

9.1.1 个别企业增值税税负略有上升

深化增值税改革以来，所有行业税负全部实现了只减不增。但个别企业由于生产经营的特殊性，进项适用税率下降幅度高于销项税率下降幅度等，增值税税负略有上升。

据某地区税务部门提供的数据显示，2019 年 4 ~7 月税款所属期，共有增值税一般纳税人 20.09 万户，其中累计增税 4917 户，占全部一般纳税人的 2%，增税额总计 6427 万元，这些增税纳税人同时享受其他各项减税降费额总计 15.4 亿元，叠加各项政策后整体减税降费 14.7 亿元。增值税增税总额只占减税降费总额的 4.2%，反映出虽然增值税存在增税现象，但总体减税降费效应明显。经对增值税增税纳税人享受各项减税降费政策情况进行“一户式”综合分析，增税的 4917 户纳税人中，有 3502 户纳税人实现了净减税（费），占增税户数的 71.2%。即便是未实现净减税（费）的 1415 户纳税人，由于享受了小微企业所得税优惠、减半征收“六税两费”、降低社保费率等政策，实际增税幅度也下降了 82.3%（见表 9-1）。

表 9-1 深化增值税改革 2019 年 4~7 月累计增税户数情况表

行业	户数/户	户数占比/%	增税额/万元	增税额占比/%
原增值税行业	1013	20.60	2050.93	31.91
交通运输业	835	16.98	531.33	8.27
邮政业	1	0.02	0.3	0.01
电信业	2	0.04	0.23	0
现代服务业	993	20.20	395.22	6.15
建筑业	646	13.14	1028.61	16.00
房地产业	14	0.28	10.36	0.16
金融业	343	6.98	2036.05	31.68
生活服务业	1070	21.76	374.64	5.83
总计	4917	100	6427.67	100

9.1.2　增税原因分析

增税主要包括：

(1) 税制原因。此类纳税人共4516户，占91.8%，累计增税额占83.1%。主要表现为：1) 纳税人销项适用9%税率，进项主要取得13%税率发票，而销项下降幅度小于进项下降幅度，属于企业经营模式及进销项结构造成的增税。2) 销项主要适用税率6%的纳税人，在取得的进项发票税率下降情况下，造成进项同比减少，属于经营模式、进销项结构原因造成的不同程度增税。符合条件的纳税人通过享受加计抵减政策减轻税收负担。3) 纳税人销项主要适用13%或9%税率，但本期兼营6%税率的销项较大，而进项税额中存在进项发票税率下降情况，造成进项同比减少，兼营6%税率属于个别属期的短期行为。4) 纳税人销项主要适用13%或9%税率，但在改革初期开具了原税率发票，属于个别属期的短期行为，长期来看，对增税不会有持久影响。

(2) 企业主观原因。此类纳税人共14户。主要表现为纳税人可享受但未及时、充分享受配套政策。

(3) 市场原因。此类纳税人共347户，占7.1%，累计增税额占11%。主要表现为纳税人开具原税率发票占比高，而进项多数已为新税率，导致短期内增税。随着深化增值税改革政策执行时间的逐渐推移，此类情况将逐渐减少。

(4) 企业申报错误原因。此类纳税人共40户，累计增税额370.86万元。主要表现为：企业申报错误和系统错误。

9.2　减税降费下的财政收支

9.2.1　财政赤字率近期内仍存在上升趋势

减税降费政策与财政收入之间存在此消彼长关系，减税降费无论是减轻企业税费负担，还是降低消费者价格，直接影响和效果是政府减收，由于财政支出相对刚性，就会导致财政赤字增加，财政压力加大。可以预见，在财政支出增长速度保持相对稳定的前提下，财政赤字率近期内仍存在上升趋势。

主要原因为，减税降费的本质特征表明，针对主体税种的、制度化的永久性减税，一般会对未来三四年的财政收入产生不利影响。尽管从理论上说，减税降费会减轻企业负担，激发市场活力，稳定经济增长，扩大税基，从而相对增加一定程度的财政收入，但从许多国家大幅度减税之后的财政结果来看，财政赤字规模或多或少都有所增加。

2019年年初，某地区一般公共预算收入安排2786亿元，增长6.5%；其中，税收收入（税务部门组织的地方收入口径）2158亿元，增长9.2%，非税收入

628 亿元，下降 1.9%。一般公共预算支出安排 5050.8 亿元，增长 6.8%。从 2019 年上半年预算执行来看，一般公共预算收入 1438.2 亿元，同比增长 3.4%，一般公共预算支出 2647.5 亿元，同比增长 7.4%。同期 GDP 为 12043.4 亿元，同比增长 5.8%，财政收入增长低于 GDP 增长 2.4 个百分点，财政支出增长高于同期 GDP 增长 4 个百分点。通过 2019 年上半年预算执行与全年预算比较，收入增长低 3.1 个百分点，支出增长高 0.6 个百分点。上半年预算执行收支缺口已大于全年预算，收支相抵后的赤字为 1209.3 亿元，赤字率[1]为 10%。随着减税力度的不断加大，2019 年前 3 季度，一般公共预算收入同比增长 2.1%，比上半年增速进一步回落 1.2 个百分点。其中，税收收入从 2019 年 6 月份开始出现负增长，1~9 月份累计下降 1.9%。这与多年前税收收入的高速增长情形已难同日而语。

9.2.2　地方财政运行困难

尽管有中央的转移支付弥补了地方财力的部分不足，受宏观经济下行、减税降费政策持续发力等多重因素影响，地方财政运行困难已是不可避免的现实，财政支出尤其是公共服务和民生项目支出却保持持续刚性增长收支缺口扩大，各级政府维持财政收支平衡的压力增加。当前积极的财政政策与以往显著不同的是，减收与扩支同时并举。在进一步激发市场主体活力与稳定总需求的同时，地方财政收支矛盾已越来越突显。毕竟，与中央财政不同，地方财政回旋余地小，收入减少而承担的支出责任却不少。地方财政捉襟见肘的状态难免影响更大力度减税降费政策的实施效果，也势必会影响到稳增长的宏观调控目标。

9.3　微观主体减税降费政策获得感

“不断增强减税降费获得感”是实施更大规模减税降费的目标和评价标准，是纳税人和缴费人在实际获得收益基础之上的一种积极的主观感受。微观层面主要体现为给企业和个人带来的客观收益和主观感受。客观收益是指企业和个人享受各项减税降费获得的“实惠”。一是直接少缴纳的税费；二是配套政策落实的便利化服务，以及问题快速解决等带来办税成本的下降；三是企业成本下降带来的利润、现金流的增加；四是基于政策利好，企业当前增加的投资、研发费用、融资等对未来时期收益的增加。主观感受包括：对减税降费政策的理解和运用，对政策宣传解读、业务辅导培训、优化办税服务等的认同，感受及时足额享受政策的便利。笔者从税务部门了解到，2019 年以来辽宁省税务局深入开展了减税降费获得感的问卷调查和相关调研分析工作，目前一定程度上还存在纳税人获得感不足的问题。

---

[1] 赤字率=（支出−收入）/GDP。

9.3.1 减税幅度与纳税人期望

减税幅度与纳税人的期望有以下几个方面。

(1) 增值税小规模纳税人、6%税率的纳税人以及实行简易办法征收增值税的纳税人获得感不强。在调查问卷中，有79%纳税人选择了对当前落实减税降费政策的获得感较强，但也有20%纳税人选择了获得感一般，这20%纳税人主要为增值税小规模纳税人和6%税率的纳税人。主要原因是增值税小规模纳税人特别是自然人减免税额小，有的只有几块、几毛钱，享受优惠政策受益不大；6%税率的纳税人以及实行简易办法征收增值税的纳税人仅享受到“六税两费”优惠政策和小微企业普惠性政策，未享受到增值税减税优惠政策，因此获得感不强。

(2) 经济下行使增值税降率获得感降低。由于当前经济下行，部分产品价格低迷，即使减税也难以抵销利润下降的空间。钢铁行业纳税人反映，2018 年年底开始，钢材价格大幅下滑，原材料价格却没有同步降低，因此企业的增加值明显减少，所以 2019 年 5 月份开始的增值税降率政策虽然很好，但是在整体增加值大幅减少的情况下，增值税降率的预期就没有那么明显。例如，后英集团海城钢铁有限公司大屯分公司 2018 年产品平均销售价格 3328. 25 元/吨，2019 年一季度产品平均销售价格 3075. 36 元/吨，增值税税率下调 3%税率，结合企业当期产品市场价格下降，影响企业税负 0. 68%，效果不是十分明显。例如，东风朝柴动力有限公司受经济下行影响，供应链条中断导致产量严重下降，2019 年上半年的产量同比下降 83. 33%，上半年完成税收 624 万元，同比减收 477 万元，而其中因政策性因素减收的税款仅占 42%。

(3) 部分企业希望通过减税降费解决企业生产经营过程中的全部问题。1) 希望贷款利息支出能够纳入进项税抵扣范围。本钢集团在这次扩大进项税抵扣中，包括旅客运输服务和固定资产允许一次性抵扣方面均享受到了优惠，但利息支出占比较大，每年利息支出 2 亿 ~3 亿元，占增值税的比例大约为 15%，企业希望贷款利息支出能够早日纳入进项税抵扣范围。2) 大型工业用电企业由于政策原因使减税降费红利被冲减。如鞍钢股份有限公司提出下调电网企业增值税税率并未相应地调整大工业电价，造成大工业用电企业的成本上涨。电价与用电企业成本的关系是，电网企业一般工商业/大工业电价 = 用电企业成本× (1+增值税率)。从 2019 年 4 月 1 日起，全国电网企业增值税税率由 16%调整为 13%，按照国家发改委的规定由此带来的降低空间全部用于降低一般工商业电价。但未规定也同样适用于大工业电价，也就是说在税率下调的同时，大工业电价仍保持不变，这就导致了大工业用电企业成本上涨。鞍钢股份有限公司执行的是大工业电价，上述问题在 2018 年 5 月 1 日增值税税率由 17%调整为 16%时就已经显现，当时大工业电价也没有下调，上涨的成本靠企业自身消化解决。但此次增值税率下调了 3%，降幅较大，企业用电成本上涨了 0.0186 元/kW · h，企业全年购电量约 7.6344×10^{9}kW · h，将会增加成本 1.42 亿元，靠企业自身消化非常困难。建议对电网企业的大工业电价也进行下调，让大工业用电企业与电网企业共享减税降费的红利。

(4) 低税率征收，高税率抵扣，由于高低税率调整幅度不一致，造成相对增税，没有获得感。这部分纳税人主要出现在交通运输业和建筑业，新政策实施前销项按 10%计算，进项多按 16%抵扣，新政策实施后，当期销项适用 9%税率，进项按 13%税率抵扣。税率调整前后对比，销项计税税率下降一个百分点而进项税率减少三个百分点，可抵扣税额相对减少，体现出增税。例如，辽宁营口某公司，其进项主要为 13%税率，合计 46.02 万元，因税率变化可抵扣进项税额减少 10.62 万元。当月销项税额 50.75 万元，因税率变化销项税额减少 5.64 万元，所以企业增税 3.35 万元。

9.3.2 纳税人对税收服务和效率需求

纳税人对税收服务和效率需求为：

(1) 税务部门还需进一步提供方便快捷的方式满足纳税人的个性化需求。虽然，税务部门通过短信和电子税务局满足了部分纳税人及时知晓减税降费红利账单的需求，但还有很多到大厅申报的纳税人或者个人联系信息未能实名申报的纳税人不能及时了解相关情况。部分纳税人对自行算清减税降费明白账的需求很高，企业希望有测算工具可以方便他们快捷计算，及时体现减税降费成果，有利于做到“心中有数”，增强获得感，为下一步企业规划奠定基础。

(2) 对新老政策的整体把握还有待进一步加强。目前，税务部门更多的是只要接收到新的减税降费政策，便会及时推送至企业，安排宣传和辅导，对新政策辅导比较到位。有个别纳税人反映在税收政策的接收上时间一长，会对减税降费政策的掌握前后联系不强、整体了解度较差，常常存在新的政策知道后，老政策便忘之脑后，尤其是对叠加的政策来说，如果前后政策不相互联系，就会出现“不识庐山真面目”的情况，造成原本可以多项享受的优惠政策只享受到了一部分。

(3) 自助办税服务设备还不能完全满足需求。随着减税降费力度加大和信息化办税水平提高，纳税人逐渐脱离办税窗口的人工实体业务办理，更多依靠自助办税机、自助购票机等无人值守设备。但受征管资源限制，办税服务厅的相关硬件设备配备明显跟不上形势发展需要，导致纳税人办理自助业务时也出现排队等待情况，产生不满情绪，影响征纳关系。

(4) 窗口办税系统和电子税务局系统稳定性有待提高。调查问卷数据显示，被问及未选择网上办税平台办理业务的原因时，有 40%的纳税人认为电子税务局系统稳定性有待提高。有30%的纳税人认为影响办税服务厅申报、退税方便快捷的原因是窗口使用的办税系统不稳定、运行缓慢导致办税速度慢。

9.3.3　纳税人对政策变动的适应

问卷调查显示，42.5%的纳税人认为税收政策变动频繁和13.8%的纳税人认为政策复杂学习难度高是影响减税降费获得感的主要因素。保持政策延续性，同时简化减税降费政策成为提高纳税人减税降费获得感一个重要问题。部分纳税人反映近两年由于政策变化频繁，纳税人在政策理解掌握的及时性和精准度上不够高，会造成企业经营上的困难。比如增值税降率政策，2018年和2019年两次降率，由于企业在知晓政策的时候有些大额合同已经签订完毕，由于受市场供求关系限制，往往会受到上下游提出的对降率差额进行补偿等要求，所以在降率后反而会在政策执行期前后使企业承受一定损失。

9.3.4　纳税人对减税负与强征管的关系理解

表现突出的是建筑行业，在税务部门召开的座谈会上，一个建筑行业的老总反映：在营改增之前该企业处于核定征收状态，对于成本方面“要发票”的情况不普遍，而营改增之后由于增值税的管理要求，使得建筑行业不得不在成本环节索要发票，而其下游企业（如房地产行业）要求其出具增值税专票，所以建筑行业享受不到“清包工”❶的简易征收优惠政策，使得建筑业的税负较营改增之前有所提高，尽管减税降费政策对建筑业的税率有所下调，但实际税负还是较营改增之前有所提高。由此可见，有些企业往往把营改增带来的影响与减税降费混为一谈，从而造成对减税降费获得感的感受不强甚至形成错觉。

9.3.5　相同业务在不同类型纳税人体现的税收优惠差异

不动产出租的税负在小规模纳税人和一般纳税人之间有较大差距。以出租月租金8万元不动产为例，小规模纳税人免征增值税及附加，房产税由12%税率减半为6%，而同样是一般纳税人多出5%的增值税及附加和6%的房产税，税负差距巨大。即使小规模纳税人出租不动产月租金超过10万元，其和一般纳税人还存在6%的房产税优惠差，两类纳税人在出租不动产业务上所体现的税负差距明显，单从这一应税行为看，两类纳税人的获得感明显不同。

---

❶　按照《财政部　国家税务总局关于全面推开营业税改征增值税试点的通知》（财税〔2016〕36号）规定：一般纳税人以清包工方式提供的建筑服务，可以选择适用简易计税方法计税。以清包工方式提供建筑服务，是指施工方不采购建筑工程所需的材料或只采购辅助材料，并收取人工费、管理费或者其他费用的建筑服务。

雇佣退休人员企业的社保费负担较大。目前辽宁省社保对返聘人员仍然征收统筹部分的养老保险，部分企业尤其是技术性较强的企业，很大一部分职工都是返聘人员（据了解有个别企业返聘人员占职工总数的 1/3），这些人都已经退休了，但企业还得按工资总额缴纳社保统筹部分，负担较重。

9.3.6 变更注册以大拆小的存在

通过申报数据分析和侧面调查，辽宁省目前出现部分企业通过企业拆分方式享受小微企业税收减免政策的情况，主要仍集中在汇总纳税企业。拆分前汇总纳税企业不符合小微企业标准，不能享受小微企业税收减免政策；拆分后，总机构不再汇总下级分支机构，资产总额、从业人数大幅度减少，并且由于总机构和分支机构分别报利润，利润也基本都在 300 万元以下，这样总机构和分支机构均可以享受小微企业税收减免政策。此行为负面影响较大，不仅体现为减税额度大、财政压力大，更主要的是加大了企业间、区域间的恶性竞争，严重影响了正常的税收秩序和营商环境。

9.4 减税降费的经济效应有待进一步提升

减税降费对缓解经济下行稳定预期方面的效应逐步显现，但从实施到产生预期效果有一定的时间滞后性，价格的传导效应与政策长效作用有待逐步释放。

（1）价格传导效应不强。从价格指数看，短期内价格传导效果不太理想，消费品价格仍在稳步上涨。2019 年上半年工业生产者购进价格指数和出厂价格指数同比增长 1.4 个和 0.1 个百分点，二季度较一季度上升 0.4 个和 0.6 个百分点。2019 年上半年居民消费价格指数同比上涨 1.6%，前 8 个月为 1.8%，反映出降率政策对消费价格的影响尚不明显。

（2）在降成本、降税负等方面的促进作用还有待进一步释放。随着国内外经济形势的严峻和贸易摩擦不断升级，税收政策调整的刺激未能完全抵消经济下行压力。辽宁全省制造业一般纳税人申报数据显示，2019 年二季度销售收入平均增长率为-4.19%，比一季度下降 6.17%；百元主营业务收入成本为 93.51 元，比一季度上升 5 个百分点。增值税税负较一季度下降 0.66 个百分点，与法定的 3%降幅有着明显差距，说明随着国内外经济形势的严峻和贸易摩擦不断升级，目前税收政策调整的刺激还远远未能完全抵消经济下行压力。

10 对策与建议

减税降费是国家的战略举措和政治任务。既有出于短期应对经济下行压力的考虑，更有着眼我国经济长远高质量发展、税制现代化乃至国家治理现代化的考量。2019 年中央经济会议指出，实现 2020 年预期目标要稳字当头，坚持宏观政策要稳、微观政策要活、社会政策要托底的政策框架，提高宏观调控的前瞻性、针对性和有效性。要统筹推进稳增长、促改革、调结构、惠民生、防风险、保稳定工作。在落实减税降费政策的过程中，必须坚持问题导向、目标导向、结果导向，强化宏观调控政策协调配合，确保经济实现量的合理增长和质的稳步提升。

10.1 落实减税降费政策措施需要处理的关系

落实减税降费政策措施需要正确处理好 9 个方面的关系：

（1）处理好名义税负和实际税负的关系。当前我国的名义税负仍然较高。特别是在税基方面，如增值税抵扣和退税不充分，企业所得税扣除不充分，以及税种的重叠设置等，使得企业背负很大的法定税负风险。实际征收上来的税款与之差距较大。减税降费不但当前要将实际收上来的税降低，更重要的是要着眼于长远税制完善，要通过政策调整降低过高的法定名义税负，以减少企业税收风险和税务机关执法风险。

（2）处理好普惠性减税与结构性减税的关系。减税降费的主要对象是制造业、实体经济、小微企业、中低收入者和科技创新行业等，而不是所有对象平等减税。所以，在普惠性减税中要体现结构性减税的调控方向，也是在以上行业和人群中实施普惠性减税，这是我们必须要关注的问题。

（3）处理好法律政策层面的减税降费与征管执法层面的一致性关系。应当在征管中安排阶段性的做法，就如同当前社保费不能擅自集中清缴一样，在税收的征收中也可以有相同的短期过渡性要求。即在核定征收时要兼顾与查账征收中可以享受到的减税红利，以体现执法公平。税务机关要进一步推进“放管服”改革，在减税降费政策实施中，纳税人只要提出申报，可以不要求提供相应材料和凭证，但是，若事后被查到有虚假申报，那么应当采取相应的处罚措施。所以，税收征管如何有效、灵活地跟上实体政策，是一个值得思考的问题。

（4）处理好中央与地方的关系。中央此次实施减税降费的政策含金量很高，减税降费的实施力度也很大，这是当前宏观经济调控的主要手段。但是，地方所考量的因素与中央可能存在偏离，地方关注的是地方的局部利益、解决地方财政困难等。所以，中央在减税，地方有可能会在不同程度上加大税收征管力度。虽然国税地税征管体制改革以后税务机关是垂直领导，但是在一定程度上会受到地方政府的影响。所以，要在减税降费中形成中央与地方的共治局面，必须解决好地方要真正与中央齐心协力、携手共进的问题。

(5) 处理好减税和降费的关系。此次减轻企业税收和社保缴费负担应当是税费双管齐下，既要减轻税收负担，也要降低收费负担。在很多国家，社保缴款就是以社保税的形式征收的，我国未来肯定也要实行社保费改税。当然，我国还有其他很多形式的非税收入，比如各种基金等，大口径的非税收入要占到宏观税负的近一半，所以，税收之外的公共负担的降低在我国具有特殊重要的意义。

(6) 处理好减税与简政的关系。税负是我国企业负担成本中的一部分。但是，还有其他同样重要的甚至更为重要的负担，比如融资成本、管制成本等，由于政府的各种管制导致市场开放不够，公平竞争的机制没有真正建立起来。另外，产权的保护也有所欠缺。真正做到建立这些方面统一、公平的机制，是纳税人所期待的。

(7) 处理好短期的逆周期调节与长期的制度创新的关系。短期的逆周期调节与长期的制度创新要结合起来。近几年的减税降费政策是短期的应对经济下行压力的必要措施，但是要促进经济高质量发展、转型升级不是一蹴而就，一定要统筹考量短期的和长远的目标。所以，减税重在减间接税，而不是直接税。不能把调控功能搞得过强，过度的优惠政策可能会扭曲市场行为，同时增加纳税人的纳税遵从成本和税务机关的执法成本。因此，无论对于税务机关，还是涉税专业服务机构，税制的规范、科学、创新和协调是更长远、更根本的事情，其有效作用更大。

(8) 处理好行政手段与法治方式的关系。行政手段与法治方式要相结合。减税降费需要由政府来推动。在目前，比如大部分税种还不是法律规定的情况下，政策的调整还是主要依靠政府来实施。政府基本的治理方式是法治。要坚持税收法定原则，发挥立法机关的主导作用，才能取得更长远、更透明的效果。减税降费从财税原理上来讲属于税事支出，所以同时要建立税事支出预算。

(9) 处理好税费负担的降低和税法遵从成本的降低的关系。税费负担的降低和税法遵从成本的降低要结合起来。减税降费政策实施过程中，一方面考验纳税人的遵从度，另一方面考验税务机关的执法水平。纳税人的遵从当中会付出很多成本，那么如何降低企业本身耗费的成本是一个值得深思和研究的问题。

10.2　减税降费政策背景下的财政应对策略

总体上，要在持续深化财税体制改革的基础上勇于破解财政收支平衡难题。

一方面中央要鼎力支持，加大转移支付力度，另一方面地方要苦练内功，主要从发展经济扩大新增财源、严格节约政府支出、及时调整财政预算、统筹防范化解财政风险、适当增加非税收入等几个方面着手。

（1）持续深化财税体制改革，促进积极财政政策提效。盘点新一轮财税体制改革，时至今日，以新《预算法》颁布实施为标志，预算管理制度改革取得实质性进展；以“营改增”和个人所得税改革为先导，税制改革实现重点突破。相比之下，作为新一轮财税体制改革中的“硬骨头”，尽管在政府间财政事权和支出责任划分改革上稳步推进，但央地财政关系改革总体进展仍相对缓慢，因此如今是时候加快改革进度了。2019 年年底，国务院发布《实施更大规模减税降费后调整中央与地方收入划分改革推进方案》，明确了消费税改革的基本内容，消费税改革进入加速推进阶段，开启中央地方共享的新模式。新一轮消费税的改革在调节中央与地方收入分配、引导地方优化营商环境、促进消费结构升级等方面均具有积极意义，有助于建立健全我国现代税收制度。因此，当前应进一步健全地方税体系，推动地方职能转变，推进分领域中央与地方财政事权和支出责任划分改革。进一步完善预算管理体制，科学核定预算，加强预算执行与监督，提高预算管理的规范性和有效性。多措并举、进一步发挥积极财政政策对宏观经济的促进作用，充分研判减税、地方债发行等因素对财政收支的影响，强化精细化管理，调整优化支出的结构，压缩一般性支出，保障民生等重点支出，进一步加大存量资金盘活力度，不断提升财政资金使用效率，规范债务资金使用效率，防范和严控风险。

（2）发展经济扩大新增财源，严格节约政府支出。在扩大财源方面，政府要积极出台加快重点行业、主要类型企业积极发展的具体政策措施，出台金融机构支持民营企业发展奖励办法、科技创新引领产业振兴专项行动方案等一系列政策措施，调整完善辽宁产业（创业）投资引导基金管理办法，积极利用投资引导基金吸引社会资本投入，建立健全担保和再担保体系，推动省市联合组建科技担保机构，缓解中小企业融资难题，同时研究新形势下支持经济平稳向好的财政政策措施，推动经济高质量发展，培植壮大财源，促进财政收入稳定增长。同时，应对减税带来的财政挑战，伴随的是一系列攻坚克难的改革举措，重点实施紧缩政府支出，优化支出结构。

1）紧缩政府支出。主要是削减政府支出规模。在统筹保障“三保”等刚性支出的前提下，严格按照“先生活、后生产”原则。①政府要在减少一般性支出 5%基础上，力争压减幅度再提升；②进一步减少三公经费 3%；③对于长期闲置的资金一律收回。

2）优化支出结构。①精兵简政，加快政府体制和事业单位改革，大力削减行政运行的一般性公共支出；②优化并适当减少经济建设支出；③优化完善土地出让收入等资金的使用，提高资金的整体配置效益和财政保障能力；④完善公共资源有偿使用制度，加快提高国有资本收益上缴公共财政比例，用于保障和改善民生；⑤加快实施部分国有产权划归社保，充实社保实力，减轻财政压力；⑥优化专项转移支付，减少财政补贴，提高财政资金使用效率。

(3) 合理确定、及时调整年度预算收入增长目标。各级财税部门要认真贯彻中办、国办关于落实减税降费政策及时调整预算收入的通知精神，深入细致做好收入分析测算，实事求是研判收入形势，算清今年减税账和全年收入账，各部门要积极主动向地方党委政府及人大等有关部门沟通汇报组织收入情况、减税降费落实情况以及对地方收入的影响，客观反映组织收入实际状况，积极推动地方政府按程序合理调整收入预算，使收入预算目标与党中央、国务院减税降费的部署要求相一致，与当前经济发展形势、本地税源状况相一致。

(4) 统筹防范化解财政风险。防范化解债务风险方面，重点要完善债务管理制度体系和工作机制，建立隐性债务风险预警定期报告制度，从严查处新增隐性债务风险问题，坚决遏制增量，稳妥化解存量，债务风险总体要可控。防范养老金支付风险方面，要建立省承担大头的企业养老保险基金当期缺口省市分担机制，减轻各地市支出压力。各相关部门加强配合，加强基金收支管理，努力缩小基金缺口。积极争取中央补助资金，确保养老金按时足额发放。

(5) 适当增加非税收入。2019 年全国预算执行情况来看，在税收收入增长率下降同时，非税收入出现了 20. 15%的较大幅度增长。主要是为稳定财政收入，加大力度征收国有企业利润和国有资源性收入。反映了在减税降费背景下，主要通过加大预算稳定调节基金调入力度，提高国有资本经营预算调入一般公共预算比例，盘活存量资金资产等方式，带动相关收入增加，来部分缓解财政压力。

10. 3 提升纳税人获得感的相关建议

减税降费改革还面临如何落地的“最后一公里”问题，如何不断增强企业和人民群众获得感和满意度问题。

(1) 进一步提升减税降费执行效能。把落实减税降费政策作为检验组织税收收入质量的重要标准，深刻认识“落实税收优惠政策不到位也是收过头税”，提高减税降费执行效能。通过不折不扣落实各项减税降费政策，激发各类市场主体发展新活力，增强创新发展新动力，构建现代化发展新体系，培育开放型经济发展新优势，充分发挥税收职能，服务国家治理大局。

(2) 进一步完善税收优惠政策，扩大政策覆盖面。从政策覆盖面看，本轮减税降费政策已经实现较大的覆盖。如果单纯从增强纳税人获得感考虑，只需要简单地增加优惠幅度就可以了。关键是对纳税人优惠面和优惠幅度的需要设置控制在一个合理的区间，如何达到一个平衡，即实现为纳税人减负、增强其活力又不过多冲击国家税收利益。

1）建议在下一步政策完善上充分考虑产业链、上下游行业的整体减负效应。以促进就业的相关优惠政策为例，现有促进自主创业等优惠政策在实际中如同“鸡肋”，专门的优惠政策所规定的限额减免与其他政策有所重合，且没有其他政策优惠幅度大，办理起来比较复杂，实际中适用的很少。企业招工成本高主要是社会整体消费成本上涨形成的，这是一个经济问题，不是单纯依靠减税就能解决的问题。

2）对实行简易办法征收增值税的纳税人应给予增值税减税优惠政策，对个人所得税经营所得项目纳税人也应给予相关税收优惠政策。保持政策延续性，简化减税降费政策计算方法，同时因地制宜简化退税程序，充分利用现代信息和网络技术，方便快捷地能使纳税人享受到税收优惠，提升纳税人获得感。

3）加大改制重组税费减免政策支持。为破除制约企业发展的体制机制障碍，辽宁地区国有企业深化市场化体制机制改革势在必行。而在企业实施内部结构调整、业务重组过程中，由于资产评估增值、土地房屋资产权属变更等因素，涉及契税、所得税、增值税等较高税费负担，改革成本较大，影响了改革举措的有效落地。建议加大对省内地区企业市场化改革重组过程涉及的增值税、所得税、契税等税费减免政策支持力度，减轻企业改革负担。

4）对纳税人提出的一些有针对性的问题，建议国家能够多方位综合考虑，减税降费不是税务部门自己的事，需要政府各个部门多方位配合，如前面提到的返聘人员社保费问题、工业电价问题，就需要各部门能够制定完善减税降费的多方面政策措施，使纳税人、缴费人能够实实在在地享受到减税降费带来的红利，促进企业发展。

（3）着力构建征纳直通平台，建立快速反应机制。目前，税务局纳服、征科以及税（费）政部门都有问题反馈机制，分布零散，不利于统筹。减税办是临时机构，长期看，如何建立统一的征纳直通平台，把涉及纳税人反映的问题进行整合，并快速解决和统一反馈是重点。建议总局做好顶层设计，建立全国统一的平台，有一个部门统筹，专人负责。各层级均可以直接看到问题情况，本级处理不了的问题上级及时进行处理。

（4）强化对政策出台背景的宣传，合理影响纳税人预期。强化对政策出台背景的宣传，合理影响纳税人预期要分类施策。纳税人的种类繁多，大小不一。作为大中型企业，经营规范，企业发展计划清晰，比较注重关心国家大政方针，乐于倾听决策层面制定出台政策的背景和目的，对这类纳税人可加大宣传力度，进而影响主流减税降费效应和获得感评价。而一些小微企业，特别是自然人类的纳税人，更多的是考虑现实所得，倾听政策背景的意愿不够强烈，对这类纳税人，更多是侧重纳税服务体验的提高，在较好的办税体验和减税红利影响下，则会更加注重表达积极肯定的感受。

(5) 加大服务措施，进一步提升服务效率。

1) 保障减税降费硬件运行。进一步优化电子税务局系统，切实保障系统稳定高效运行，做到流畅、简洁、实用，加强逻辑性和合理性审核，确保纳税人应享尽享。提高窗口办税系统稳定性，加强运维保障，杜绝因窗口办税系统不稳定、运行缓慢导致纳税人办理退税退费慢的问题发生。

2) 进一步加大向基层税收管理层面的征管资源配置，大幅度增加自助办税设备数量，促进提升纳税服务效率。

3) 完善税企沟通机制，开展更加专业的涉税辅导。建议建立更加完善的网上授课平台，通过“点播”等形式，实现网上培训、网上辅导。建议开发办税App，设立网上预约办税机制，通过网上“放号”和大厅排队取号相结合的形式，方便纳税人错峰办理税收业务，减少排队等候时间。

(6) 进一步加强协调共治，共同改善减税降费治理环境。

1) 在政策落实方面，强化政府主导形成合力，各部门联动协同，共同落实和推进改革措施全面落地，进一步有效放大减税降费及所有改革措施的综合效果，全面提升企业和人民群众的获得感。

2) 税务部门要积极融入政府主导的营商环境建设。对办税所处的工作链条中的其他环节，积极提出建议，努力推动全链条的办事效率高效便捷。

3) 促进纳税服务多元化发展。积极发挥专业性中介服务机构、税务信息服务商、非政府组织、新闻媒体、教育机构等的作用，优化市场资源配置，进一步减轻纳税人、缴费人学习专业化税收知识的负担，避免因缺乏专业知识造成税收风险。如对中介机构方面，建议出台扶持中介服务机构的优惠政策，鼓励更多资金投入，增加中介服务机构数量。在进一步规范中介机构行为，打击乱收费的基础上，加强宣传，引导和鼓励纳税人、缴费人委托中介服务机构申报和辅导，降低政府管理成本，减轻企业风险和办税负担。

4) 建立减税降费发布制度，定期向社会公布减税降费的规模、分布、资金流向、政策效益，接受社会监督，增进社会各界对税务职能的全面认识，引导全社会对减税降费工作的关心和重视，切实优化减税降费治理环境，使减税降费治理“有目共赏”。

(7) 强化风险管控，打造公平营商环境。定期做好应享未享的情况分析，保障减税降费政策应享尽享。定期开展实地调研，结合大数据做好政策执行风险的应对，坚决打击收“过头税”行为，坚决制止乱收费行为，坚决管理乱拆分行为，按政策落实，按原则执法，不断优化营商环境。从静态来看，增值税减税是通过降低销项纳税，从而降低税收成本，增加企业利润来获利受益。但从动态来看，当企业受外部环境影响，国内和出口需求减少，由销售传导到成本、再传导到利润时，由于固定成本存在，人力成本上升，往往成本下降幅度大于销售下降幅度，利润增长下降幅度又要大于成本下降幅度，而从而使减税被部分减利对冲，从而影响减税获益感受。理论上，减税额增加，减税率提高，税负率应下降。现实中也可能因外部环境变化企业利润率下降，从而出现减税额增加，减税率提高，税负率却不降反升情况。企业所感受的减负不但取决于减税额，也取决于利润增减额。因此，要提升企业减税获得感，不仅在于减税，更为重要的是改善企业营商环境，实现经济全面好转。

参考文献

[1] 古扎拉蒂．计量经济学[M]. 3版．北京：中国人民大学出版社，2000.
[2] 大卫·李嘉图．政治经济学及赋税原理[M]. 北京：商务印书馆，1983.
[3] 加雷斯·D. 迈尔斯．公共经济学 [M]. 北京：中国人民大学出版社，2001.
[4] 阿瑟·刘易斯．经济增长理论 [M]. 北京：商务印书馆，1999.
[5] 萨缪尔森，诺德豪斯．经济学[M]. 北京：人民邮电出版社，2008.
[6] 阿尔费雷德·格雷纳．财政政策与经济增长 [M]. 北京：经济科学出版社，2000.
[7] 西蒙·库兹涅茨．各国的经济增长[M]. 北京：商务印书馆，1985.
[8] H. 钱纳里．工业化和经济增长的比较研究[M]. 上海：上海三联书店，1989.
[9] 郭庆旺．税收与经济发展[M]. 北京：中国财政经济出版社，1995.
[10] 方甲．产业结构问题研究[M]. 北京：中国人民大学出版社，1997.
[11] 李悦．产业经济学[M]. 北京：中国人民大学出版社，1998.
[12] 刘新利．税收分析概论[M]. 北京：中国税务出版社，2000.
[13] 蒋中一．数理经济学的基本方法 [M]. 北京：商务印书馆，2001.
[14] 刘佐．中国税制概览[M]. 北京：中国税务出版社，2003.
[15] 闫二旺．产业经济学概论[M]. 北京：北京邮电大学出版社，2004.
[16] 李晓西．宏观经济学（中国版）[M]. 北京：中国人民大学出版社，2005.
[17] 侯伟丽．中国经济增长与环境质量[M]. 北京：科学出版社，2005.
[18] 焦瑞进．宏观税收分析方法和指标体系[M]. 北京：中国财政经济出版社，2007.
[19] 李晖，孙立．经济结构优化与税收可持续增长[M]. 沈阳：辽宁人民出版社，2012.
[20] 李晖．税收经济分析方法与实证研究[M]. 北京：冶金工业出版社，2019.
[21] 栾宝云．研发投入税收激励政策在Y公司的应用研究[D]. 上海：东华大学，2014.
[22] 田燕．营业税改征增值税对内蒙古中小企业税负影响的研究[D]. 上海：东华大学，2014.
[23] 俞佳．税收优惠对外商直接投资企业财务影响研究[D]. 杭州：浙江大学，2005.
[24] 马振鲁．我国小微企业融资法律问题研究[D]. 烟台：烟台大学，2013.
[25] 孙玉红．基于企业所得税改革的企业税收筹划研究[D]. 青岛：中国海洋大学，2009.
[26] 周丹华．我国中小企业税收优惠探讨[D]. 上海：复旦大学，2010.
[27] 王爽．促进中小企业发展的税收政策研究[D]. 蚌埠：安徽财经大学，2012.
[28] 熊安平．泸州市中小企业发展现状及对策研究[D]. 成都：西南财经大学，2010.
[29] 何云霄．中小企业税收优惠政策研究[D]. 郑州：郑州大学，2014.
[30] 闵长富．辽宁省中小企业发展困境与对策研究[D]. 沈阳：东北大学，2011.
[31] 刘彩霞．中小企业发展的税收支持政策研究——以湖北省为例[D]. 武汉：华中师范大学，2013.
[32] 邹广贤．小微企业所得税优惠政策完善研究[D]. 青岛：山东大学，2013.
[33] 李晖，李思衡．辽宁省装备制造业经济贡献分析[J]. 沈阳大学学报(社会科学版)，2015：1-4.
[34] 李晖，毛艳铭．“营改增”对辽宁经济及税收影响的实证分析[J]. 沈阳大学学报(社会

科学版)，2014，16（1)：1-5.

[35] 李晖．辽宁省中小企业税收优惠政策效应的实证研究[J].沈阳大学学报,2016：2-148.

[36] 李晖．我国五大区域工业税收分析及比较[J].地方财政研究,2019(06)：75-79.

[37] 许宪春．基于2007年投入产出表的我国投资乘数测算和变动分析[J].统计研究,2011(03)：5-9.

[38] 曹建安．“税收陷阱”的测度模型及其应用研究[J].会计之友,2015（18)：75-77.

[39] 付广军，刘洋．关于拉弗曲线的理论思考与例证——兼论税收和税基相容原理经济与管理评论[J].财政金融研究,2013(06)：98-103.

[40] 李欣洁．完善税收政策助力小微企业[J].中国商贸,2015(15)：46-49.

[41] 蔡泳，马园园．促进小微企业发展的税收政策国际经验探讨[J].会计之友,2014(10)：85-87.

[42] 张媛．支持小微企业发展财政政策研究——以辽宁为例[J].地方财政研究,2015(09)：76-80.

[43] 付伯颖．税收优惠政策的就业效应探析[J].现代财经—天津财经大学学报,2006(11)：21-23.

[44] 唐婧妮．新企业所得税对中小型企业的影响及对策[J].改革与战略,2009(12)：108-111.

[45] 王静红．支持和促进就业税收政策的探讨[J].商情,2012(03)：64-65.

[46] 杨振汉．小型微利企业所得税优惠政策微效原因及提效措施[J].西部财会,2013(05)：15-16.

[47] 范伟红，刘丹．增值税纳税人分类管理制度弊端与重构建议[J].会计之友,2015(09)：110-114.

[48] 梁译丹，王文清．小微企业优惠范围减负便民政策升级[J].财务与会计(理财版)，2014(08)：31-34.

[49] 晨竹．小微企业税收优惠政策的七大优化[J].注册税务师,2014(11)：15-16.

[50] 王慧媛．我国融资租赁税收政策概况[J].时代金融(中旬)，2014(03)：55-57.

[51] 高志强．企业所得税税收优惠的法律分析[J].中小企业管理与科技,2015(28)：114.

[52] 李华威，张忠慧．我国中小企业融资现状及对策研究[J].商场现代化,2014(03)：142-143.

[53] 李波．宏观税负、产业税负与结构性减税政策[J].税务研究,2010(1)．